Dalai Lama

Yoga des Geistes

Dalai Lama

Yoga des Geistes

dharma edition

Teile I und II: Der Text folgt den Tonbandaufnahmen der von S.H. XIV. Dalai Lama am 31. Oktober und 1. November 1982 in Hamburg gegebenen Vorträge und den Tonbandaufnahmen zusätzlicher Erläuterungen.
Mündl. Übers. der Vorträge aus dem Tibet. von H. Gassner.
Überarb. und Übers. der zusätzl. Erläuterungen von C. Spitz.

Teil III: Aus dem Englischen übersetzt und neu zusammengestellt von Jürgen Manshardt.
Originaltext: »Short Essays on Buddhist Thought and Practice.«
Mit freundlicher Genehmigung des Tibet House, New Delhi.

CIP-Titelaufnahme der Deutschen Bibliothek
bsTan-'dzin-rgya-mtsho <Dalai Lama, XIV.>:
Yoga des Geistes/ Dalai Lama. [Teile I und II: mündliche Übers. der Vorträge aus dem Tibet. von Helmut Gassner. Überarb. und Übers. der zusätzlichen Erl. von Christof Spitz. Teil III: aus dem Engl. übers. und neu zsgest. von Jürgen Manshardt. Hrsg.: Tibetisches Zentrum e.V.]. - 2. Aufl. - Hamburg : Dharma-Ed., 1991
ISBN 3-927862-04-5

Herausgeber: Tibetisches Zentrum e.V.

2. Auflage 1991

Satz u. Foto: Christof Spitz
Gestaltung: Dieter Keidel
Umschlag: Klaus Barde
Lithos: Scan team, Hamburg
Druck: Th. Schäfer, Hannover

ISBN 3-927862-04-5

dharma edition · Hermann-Balk-Str. 106 · 2000 Hamburg 73
Tel. 040/ 644 35 85 · Fax 040/ 644 35 15

INHALT

Vorbemerkung

Gegen Ende seiner Europareise im Herbst 1982 besuchte S. H. Tenzin Gyatso, der Vierzehnte Dalai Lama von Tibet, Hamburg. Damit kam er der gemeinsamen Einladung der Universität und des Tibetischen Zentrums e.V. nach. Im Auditorium Maximum der Universität gab er 1982 eine Unterweisung und leitete eine Andacht, die der Erzeugung einer altruistischen Geisteshaltung diente.

Grundlage der Unterweisung ist ein vierzeiliger Vers, der in prägnanter Form die wesentlichen Übungen und Inhalte buddhistischer Geistesschulung beschreibt. In seinen Erläuterungen zu diesem Vers gibt der Dalai Lama Einblick in die Tiefe und Bandbreite seines eigenen religiösen Denkens, aber auch der tibetischen Tradition, in der diese Lehren über Jahrhunderte praktiziert und weitergetragen wurden. Er verdeutlicht die wichtigen theoretischen Grundlagen ebenso wie die Anwendung, sei es in der konfliktträchtigen Unruhe des Alltags oder in der Stille der Meditation.

Die Ausführungen können nicht nur für den Buddhisten Anregung sein, sich intensiver mit geistigen Inhalten auseinanderzusetzen. Die Abschrift der Unterweisung bildet den ersten Teil dieses Buches. Zum besseren Verständnis sehr tiefgründiger Passagen, in denen der Dalai Lama die feinsten Ebenen des Bewußtseins und deren Bedeutung für die Meditation erläuterte, bat Geshe Thubten Ngawang, der ständige Lehrer und geistliche Leiter des Tibetischen Zentrums, später in Indien um weitere Erklärungen, die an der entsprechenden Stelle in den Text eingefügt wurden.

Der nachfolgende, auf Einladung der Universität Hamburg gehaltene Vortrag des Dalai Lama ist ein deutliches Plädoyer für die Anwendung von Toleranz, Mitgefühl und Güte in jedem Bereich unseres Zusammenlebens. Eindringlich mahnt er, sich auf der Grundlage dieser altruistisch geprägten Geisteshaltung mit Mut, Entschlossenheit und dem Optimismus, daß Veränderungen immer möglich sind, für eine friedvollere Welt einzusetzen. Die Abschrift des Vortrags bildet den zweiten Teil dieses Buches.

Im dritten Teil des Buches sind eine Reihe von Aufsätzen zum tibetischen Buddhismus zusammengestellt, die zum erstem Mal im Jahr 1966 vom Sekretariat des Dalai Lama in seinem nordindischen Exil in Dharamsala herausgegeben und vom Tibet House in Neu-Delhi publiziert worden sind.

Bei einigen Begriffen wurde das ursprüngliche Sanskritwort und teilweise auch dessen tibetische Übersetzung in Umschrift hinzugefügt. Hinweise zur Aussprache des Sanskrit finden sich im Anhang.

An dieser Stelle sei allen, die an der Entstehung dieses Buches mitgeholfen haben, herzlich gedankt, insbesondere Rolf Gaska, Dr. Jens-Uwe Hartmann, Gabriele Küstermann, Heinz Schrieber und dem Tibet House, Neu Delhi.

Teil I

DAS KLARE LICHT
Eine Anleitung zur Geistesschulung

Unterweisung am 31. Oktober 1982
im Auditorium Maximum der Universität Hamburg

EINLEITUNG

Liebe Brüder und Schwestern im Dharma! Ich freue mich sehr, bei Ihnen zu sein. Heute werde ich einige Aspekte des Buddhismus erläutern.

Dazu will ich zuerst vom Gesichtspunkt der Ethik und vom Gesichtspunkt der Weisheit her den Weg zur Schulung des Geistes erklären.

Danach werde ich ein Ritual durchführen, das der Erzeugung des Erleuchtungsgeistes, des altruistischen Wunsches nach höchster Erleuchtung *(bodhicitta),* dient.

Ich werde heute über einen Vers sprechen, der *Die Geistesschulung des Sum-pa Lo-tsa-ba (Sum pa Lo tsā ba'i blo sbyong)* genannt wird. Dieser vierzeilige Vers findet sich in einer Sammlung von Geistesschulungstexten, die Dscho-nang Tāranātha *(Jo nang Tā ra nā tha)* unter dem Titel *Einhundert Geistesschulungen (bLo sbyong brgya rtsa)* zusammengestellt hat. Diese Textsammlung ist auch unter dem Namen *Die Einhundert Anleitungen des Dscho-nang (Jo nang khri brgya)* bekannt.

Zu Beginn möchte ich den vierzeiligen Grundvers vortragen, damit Sie ihn sich einprägen können und während der Erläuterungen gegenwärtig haben. Er lautet:

Wenn man zufrieden ist mit dem, was sich ergibt,
ist man in allen Fällen glücklich.
Wenn der Geist ruht, worauf er gerichtet wird,
kann man ihn auch loslassen.
Wenn der Geist in den Dharma eingetreten ist,
ist man auch im Tod glücklich.
Wenn man den Geist als ungeboren erkannt hat,
gibt es auch keinen Tod.

Zuerst sollten wir den gesamten Hintergrund dieser Zeilen kennen. Ich werde dazu einiges erklären.

Die Suche nach Glück: verschiedene Weltanschauungen

Von Natur aus sucht jeder von uns Glück und möchte kein Leid erfahren. Wir haben jedes Recht, Glück zu erlangen – ein besseres, dauerhaftes Glück, wenn die Möglichkeit besteht, es zu erreichen. Genauso haben wir jedes Recht, jede Art von Leid zu überwinden und zu beseitigen. Das ist unser Recht.

In der gegenwärtigen Zeit – und das gleiche gilt, wie ich glaube, auch für die Vergangenheit – kann man zwei Grundanschauungen unterscheiden. Eine Gruppe von Menschen glaubt nur an die Materie und an nichts weiter, das darüber hinausginge. Diese Menschen nennen wir gewöhnlich Atheisten – sie sind extrem materialistisch und atheistisch eingestellt. Sehr gut: Sie glauben, damit die richtigen Methoden gefunden zu haben, um zu mehr Glück zu gelangen. Es ist ihre Angelegenheit – kein Problem.

Auf der anderen Seite gibt es eine Gruppe von Menschen, die glauben, daß es noch etwas gibt, das über den materiellen Dingen steht. In vielen Fällen stützt sich ihre Überzeugung hauptsächlich auf Glauben; sie haben es schwer, ihre Anschauungen mit logischen Begründungen zu beweisen. Sie folgen ihren Anschauungen und benutzen ihre Methoden, weil sie der Ansicht sind, daß sie auf diesem Weg das größte Glück finden. Auch das ist gut, es ist ihr eigenes Recht.

Manchmal entstehen Konflikte zwischen diesen beiden Gruppen. Das ist sehr bedauerlich.

Allgemein betrachtet, gehört der Buddhismus zur zweiten Gruppe, die an geistige Werte glaubt. Es gibt innerhalb dieser Gruppe jedoch wieder zwei Untergruppen. Die einen verfechten extremen Glauben, ohne sich sehr über rationale Gesichtspunkte Gedanken zu machen. Die anderen legen mehr Gewicht auf logische Begründungen als auf bloßen Glauben. Dies gilt für den Buddhismus und zum Teil auch für einige Formen der Hindu-Religion.

Einige Religionen, zu denen viele Formen des Hinduismus, das Christentum, der Islam und das Judentum gehören, gründen in der Lehre von einem allmächtigen Schöpfergott. Demgegenüber gibt es Religionen, die einen Schöpfergott nicht anerkennen. Zu ihnen zählen der Buddhismus, der Jainismus und einige wenige Formen des Hinduismus, so die nichttheistische *Sāṃkhya*-Lehre *(Nirīśvara-Sāṃkhya)* im Gegensatz zur theistischen *Sāṃkhya*-Lehre *(Seśvara-Sāṃkhya)*. Daher kann man in gewisser Hinsicht von zwei Gruppen in der geistigen Welt sprechen: den

Gott-gebundenen und Gott-freien Religionen.

Es scheint, daß der Buddhismus und der Jainismus eine Mittelstellung zwischen einem extremen Materialismus auf der einen Seite und den vergleichsweise extremen Glaubensreligionen auf der anderen Seite einnehmen. Im Buddhismus und im Jainismus liegt das Gewicht nicht so sehr auf dem Glauben, sondern mehr auf logischen Begründungen und auf Rationalität. So erscheint der Buddhismus denjenigen, die eine Religion des extremen Glaubens verfolgen, als eine Art von Atheismus, und von der Seite des Materialismus wird er als eine Form von Spiritualismus betrachtet. Daraus kann man schließen, daß sich der Buddhismus tatsächlich in der Mitte befindet.

Die Menschheit hat eine Vielzahl von verschiedenen Religionen und Weltanschauungen hervorgebracht. Ich halte dies für einen großen Gewinn; denn jede der verschiedenen Religionen und Traditionen weist ihre eigenen Besonderheiten auf, und da es unter den Menschen sehr viele verschiedene geistige Veranlagungen und Neigungen gibt, ist eine Vielfalt an Philosophien und Religionen äußerst nützlich.

Es ist sehr wichtig, daß jemand, der einer Religion folgt, sie auch tatsächlich in sein tägliches Leben hineinnimmt und dort anwendet. Religion, geistige Werte, dies müssen wir in uns selbst wachsen lassen, dann werden wir auch den eigentlichen Nutzen erkennen. Religion liegt nicht in unseren Worten, sie steckt nicht in unseren Kleidern; Religion ist in unserem eigenen Herzen. Sobald Sie Religion im täglichen Leben einsetzen, werden Sie ihren Wert erfahren.

Die vielen Religionen bringen alle eine gleiche Botschaft: Das Allerwichtigste ist ein echtes Gefühl dafür, daß wir Menschen eine Gemeinschaft von Brüdern und Schwestern sind. Das Wichtigste ist eine Haltung, die auf Mitgefühl, Liebe und Altruismus gründet. Das ist der wesentliche Gehalt, und alle Religionen lehren uns diesen gleichen Grundsatz.

Innerhalb der Gruppe von Religionen, die keinen Schöpfergott anerkennen, wie Buddhismus, Jainismus und einige Formen des Hinduismus, akzeptiert der Buddhismus die Theorie einer unabhängig für sich selbst existierenden »Seele« *(ātman)* nicht. Der Buddhismus vertritt die Theorie vom Nichtsein einer »Seele« *(anātman)*, während der Jainismus und andere Religionen eine solche annehmen.

Der Buddhismus: Fahrzeuge und Traditionen

Innerhalb des Buddhismus wiederum unterscheidet man vom Aspekt der Methode oder Ausübung her das Fahrzeug der Hörer *(śrāvakayāna)* und das Fahrzeug der Bodhisattvas *(bodhisattvayāna)*, die gewöhnlich auch Kleines Fahrzeug *(hīnayāna)* und Großes Fahrzeug *(mahāyāna)* genannt werden. Der buddhistische Weg des Tantra gehört zum Großen Fahrzeug. Vom Aspekt der Weisheit oder der Ansicht her gesehen gibt es im Buddhismus vier Schulen des Denkens: *Vaibhāṣika* (»Schule der Großen Ausführlichen Erläuterung«), *Sautrāntika* (»Sūtra-Schule«), *Cittamātra* (»Nur-Geist-Schule«) und *Madhyamaka* (»Schule des Mittleren Weges«).

Die grundlegenden Unterweisungen des Buddhismus sind die, die als die Vier Wahrheiten der Heiligen bekannt sind: Wahre Leiden, Wahre Ursprünge, Wahre Beendigungen von Leid, Wahre Pfade. Wer die Vier Wahrheiten nur auf sich selbst anwendet, übt das Fahrzeug der Hörer *(śrāvakayāna)* oder der Alleinverwirklicher *(pratyekabuddhayāna)*, die Wege des Kleinen Fahrzeugs. Wer die Vier Wahrheiten zum Wohl aller fühlenden Wesen anwendet, nicht nur für sich selbst, ist ein Ausübender des Großen Fahrzeugs.

Eine der Vier Wahrheiten ist die der Beendigung des Leids und seines Ursprungs. In den Erklärungen dieser Wahrheit wird auf die Bedeutung des Selbst und dessen Widerlegung, des Nicht-Selbst, eingegangen. Dabei gibt es Unterschiede in der Tiefe der Darlegungen, die dann zu den eben genannten vier Schulen von Lehrmeinungen im Buddhismus führen.

Im Hinblick auf die einzelnen Länder, in denen der Buddhismus verbreitet ist, spricht man vom indischen Buddhismus, thailändischen Buddhismus, chinesischen Buddhismus, japanischen Buddhismus und so weiter; in Zukunft mag es vielleicht auch einen europäischen, amerikanischen und deutschen Buddhismus geben. Obwohl es sich dabei um dieselbe Lehre mit denselben wesentlichen Inhalten handelt, hat doch im Laufe der Zeit aufgrund der jeweiligen Umwelteinflüsse und insbesondere der kulturellen Einwirkungen gewissermaßen eine gelungene Hochzeit zwischen der Lehre selbst und den örtlichen Gegebenheiten eines Landes stattgefunden. Dadurch entstand das, was wir heute den Buddhismus dieses oder jenes Landes nennen.

Was ist nun »tibetischer Buddhismus«? Wir Tibeter lernen zuerst die wesentlichen Teile der Unterweisungen des Kleinen Fahrzeugs und wenden diese an. Diese Unterweisungen sind in den Drei Schriftabteilungen *(tripiṭaka)* enthalten: der Schriftabteilung der Disziplin *(vinayapiṭaka)*, der Schriftabteilung der Sammlung von Lehrreden *(sūtrapiṭaka)* und der Schriftabteilung des Höheren Wissens *(abhidharmapiṭaka)*. Die Schriftabteilung der Disziplin enthält hauptsächlich die Schulung der Ethik und befaßt sich mit den verschiedenen Gelübden, mit den Regeln für Mönche und Nonnen und ähnlichen Themen. Die Überlieferung der Disziplin, die in Tibet zur Anwendung kommt, stammt aus der *[Mūla-]Sarvāstivāda*-Tradition. In Thailand folgt man der *Theravāda*-Tradition. Es gab in Indien vier Hauptrichtungen innerhalb der *Vaibhāṣika*-Schule, die sich dann weiter in insgesamt achtzehn Traditionen aufteilten. Der *[Mūla-]Sarvāstivāda* und der *Theravāda* sind zwei von diesen. Daran sieht man, daß es bis auf einige geringfügige Unterschiede die gleiche Überlieferung der Disziplin gibt.

Zur Schulung der meditativen Festigung des Geistes, die hauptsächlich in der Schriftabteilung der Sammlung von Lehrreden beschrieben wird, werden in Tibet die Lehren über die Vier Sammlungen und die Vier Körperlosen Versenkungen studiert und angewendet, wie sie im *Schatzhaus des Höheren Wissens (Abhidharmakośa)* von Vasubandhu erklärt werden.

Die Schulung der Weisheit auf dem Pfad wird in erster Linie in der Schriftabteilung des Höheren Wissens dargestellt. In Tibet studiert und praktiziert man sie so, wie sie innerhalb der Siebenunddreißig der Erleuchtung förderlichen Eigenschaften *(saptatriṃśaḍ-bodhipakṣadharma)* beschrieben wird. Das Wesentliche dabei ist, daß man die Erkenntnis der gröberen Art des Nicht-Selbst der Person schult. Das bedeutet, das Verständnis zu schulen, daß die Person leer davon ist, als eigenständige, substantielle Wesenheit zu existieren.

Darüber hinaus wenden wir in Tibet die Lehre des Großen Fahrzeugs an. Dies bedeutet, daß man eine Geisteshaltung von unbegrenztem Altruismus schult und sich in den Sechs Vollkommenheiten *(pāramitā)* übt.

Zudem wird in Tibet auch das buddhistische Tantra ausgeübt. Es gibt vier Klassen des Tantra: Handlungstantra *(kriyātantra)*, Ausübungstantra *(caryātantra)*, Yogatantra *(yogatantra)* und Höchstes Yogatantra *(anuttarayogatantra)*. Die Ausübung dieser gesamten Lehre dauert an.

Im tibetischen Buddhismus gab es aufgrund von zeitlichen Unterschieden, verschiedenen Meistern und auch verschiedenartigen individuellen Erfahrungen mehrere Methoden, die Lehre zu erklären. Als Folge davon haben sich auch mehrere Traditionen gebildet.

Während ihrer ersten Blüte verbreitete sich die gesamte buddhistische Lehre in Tibet mit allen Inhalten, die ich gerade genannt habe: die Schriftabteilungen der Disziplin, der Sammlung von Lehrreden und des Wissens, die Schriftabteilung über den Pfad der

Bodhisattvas und alle Lehren des Tantra einschließlich denen des Höchsten Yogatantra. Dies war die Periode der frühen Übersetzungen, mit der die Tradition der Njing-ma *(rNying ma)* begann. Während der späteren, der zweiten großen Blüte des Buddhismus in Tibet bildeten sich dann die Traditionen von Sa-kja *(Sa skya)*, Ka-gjü *(bKa' brgyud)* und Ka-dam *(bKa' gdams)*, die auch unter dem Namen Sar-ma *(gSar ma)* zusammengefaßt werden. Innerhalb dieser drei Traditionen findet man weitere Unterteilungen, wie zum Beispiel in die vier großen und die acht kleinen Ka-gjü-Traditionen und in die drei Sa-kja-Traditionen von Sa *(Sa)*, Ngor *(Ngor)* und Tsar *('Tshar)*.

Alle diese Traditionen gleichen sich sowohl in Hinsicht auf die praktische Ausübung der Lehre als auch in Hinsicht auf die Weisheit, in ihren philosophischen Lehrmeinungen also. Denn sie alle wenden die Lehren des Kleinen und des Großen Fahrzeugs einschließlich des Tantra an und betrachten die Philosophie der *Prāsaṅgika-Madhyamaka*-Schule als die Höchste unter den Lehrmeinungen. Es gibt einige kleinere Unterschiede zwischen diesen Traditionen, weil die individuellen Lehrmethoden und persönlichen Anleitungen für die Schüler bei den einzelnen Meistern verschieden sein können, weil sie auf unterschiedliche Schwerpunkte der Lehre besonderes Gewicht legen, und schließlich, weil manchmal unterschiedliche Terminologien gebraucht werden. Die Lehrinhalte sind jedoch in allen Traditionen gleich.

Heute sind die allgemein bekannten Traditionen Sa-kja, Ge-lug, Ka-gjü und Njing-ma. Ge-lug nennt man die jüngere Ka-dam-Tradition, die Fortsetzung der alten Ka-dam-Tradition. Wie ich gerade schon erwähnt habe, lehren sie alle eine Ausübung des Dharma, bei der die Unterweisungen von Sūtra und Tantra als eine Einheit angewendet werden, eine Ausübung also, die das Tantra mit einschließt. Sieht man direkt auf ihre Lehren hinsichtlich Ansicht, Meditation und Verhalten, so kann man nur Übereinstimmungen und keinerlei Unterschiede feststellen. Diese Tatsache ist dann deutlich zu sehen, wenn man die einzelnen Traditionen in ihrer Ganzheit kennt und versteht.

In Tibet kann man bei den großen Meistern, von der praktischen Anwendung der Lehre her gesehen, zwei Gruppen unterscheiden: Einige Meister wenden bei ihren Erklärungen und Verwirklichungen die Erklärungsweisen und Lehrmeinungen einer einzigen Tradition als die prinzipiellen an, andere wenden die gesamte vorhandene Lehrüberlieferung und Weisheit aus allen Traditionen ohne Unterschied an.

Für uns ist es sehr wichtig, daß wir die Lehre so anwenden, daß wir ihr im ganzen, ohne Unterschied, vorurteilsfrei begegnen.

GEISTESSCHULUNG

Die Notwendigkeit, den Geist zu schulen

Nun werde ich den eingangs erwähnten Vers erklären. Dieser Vers zielt auf eine Schulung ab, ein Training des eigenen Geistes. Training des Geistes bedeutet, sich selbst zu verbessern. Die erste Frage ist nun: Wer wird etwas verbessern? Die Antwort lautet: Ich, das Wesen selbst. Die nächste Frage ist: Wer ist dieses Wesen? Ist es der Körper oder das Gehirn oder vielleicht die Nase? Ganz sicher ist keines dieser Dinge das Wesen selbst. Die heutigen Naturwissenschaftler können Erklärungen über die kleinsten Teilchen unseres Körpers und unseres Gehirns geben, und doch bestehen wir nicht nur aus diesen körperlichen Gegebenheiten, sondern darüber hinaus gibt es mit Sicherheit noch viele andere Faktoren, die unser Wesen ausmachen. Dabei sprechen wir gewöhnlich von dem Erkennenden. Zum Beispiel betrachte ich Sie, die Zuhörer, und ebenso betrachten Sie mich. Wie wir etwas sehen können, auf welche Art und Weise diese Erscheinungen und Bilder zustande kommen, können wir erklären. Im Denkbereich jedoch, wer letztlich der Erkennende ist, der diese Erscheinungen erfaßt und weiß, gibt es wieder ziemlich viele Unklarheiten und Rätsel.

Das bringt uns zu der Frage nach dem Bewußtsein. Nach buddhistischer Auffassung gibt es verschiedene Arten von Bewußtsein. Man unterscheidet fünf Arten von Bewußtsein, die zu den fünf Sinnen gehören – Gesichtssinn, Gehörsinn, Geruchssinn, Geschmackssinn und Tastsinn –, und das sechste, das geistige Bewußtsein. In den verschiedenen buddhistischen Schulen von Lehrmeinungen gibt es einige, die nur von einem einzigen Hauptbewußtsein sprechen, einige, die acht Arten von Hauptbewußtsein vertreten, und sogar einige, die neun Arten erklären; aber die Mehrzahl teilt das Bewußtsein in die genannten sechs Hauptbewußtseinsarten.

Hier wird deutlich, daß unser Wesen sowohl körperliche als auch geistige Komponenten umfaßt. Weil es diese beiden Aspekte gibt, den körperlichen und den geistigen, gibt es auch zwei Arten von Glück – unser letztliches Ziel, das wir zu erreichen suchen. Eine Art des Glücks entsteht in erster Linie aus körperlichem Wohlbefinden, eine andere Art des Glücks erwächst besonders aus den geistigen Aspekten unseres Wesens. Das gleiche gilt für das Leid; einige Arten von Leid beruhen vor allem auf physischen Umständen, andere Formen von Leid entstehen im wesentlichen aus geistigen Faktoren.

Ich habe zu Beginn zwei große Richtungen menschlicher Bestrebungen erwähnt: Der Materialismus auf der einen Seite bringt uns hauptsächlich körperliches Wohlergehen; das Verfolgen geistiger und religiöser Werte gibt uns vor allem im Geist Glück und Zufriedenheit. Also benötigen wir beides. Wenn wir zu sehr materialistisch eingestellt sind, besteht die Gefahr, daß wir die wahren menschlichen Werte verlieren. Außerdem läßt sich sehr klar sehen, daß wir allein durch

Anstrengungen auf materiellem Gebiet keine letzte Befriedigung finden können. Würden wir uns auf der anderen Seite zu sehr auf das Geistige beschränken und jeden materiellen Fortschritt ganz außer acht lassen, so wäre auch das unrealistisch und nicht gut.

Die Bemühungen auf geistigem Gebiet haben größere Wirkungskraft. Sie sind den Bemühungen um physisches Wohlbefinden überlegen, mit denen sich vergleichsweise weniger effektive Resultate erzielen lassen. Ein Anzeichen dafür: Wenn jemand im Geist sehr glücklich ist, kann er schwierige körperliche Umstände durchaus bewältigen. Wenn ein Mensch andererseits geistige Bedrängnis erleidet, er sehr unglücklich und ruhelos ist, dann können ihm selbst die besten materiellen Annehmlichkeiten, das luxuriöseste Haus, in dem alles perfekt ist, noch keinen inneren Frieden geben. Daher ist innerer, geistiger Friede sehr viel wichtiger als materieller Komfort.

Geistiges Glück kann man nur durch Schulung des eigenen Geistes gewinnen, es kann nur vom Geist selbst kommen. Geistiges Glück können Sie nicht auf dem Supermarkt kaufen, selbst wenn Sie Milliardär wären; und selbst wenn Sie noch so hochentwickelte Maschinen besäßen – Sie können geistiges Glück nicht produzieren. Es gibt viele Menschen, die wirklich reich sind und doch ständig stöhnen.

Meditation – Analyse und Sammlung

Wie schult man den eigenen Geist? Nach buddhistischer Überzeugung ist die wesentliche Methode, um

Frieden des Geistes zu entwickeln, nicht das Beten, sondern Training des Geistes. Zu diesem Training müssen zwei Tätigkeiten des Geistes angewandt und entwickelt werden. Die eine ist das Durchdenken und Untersuchen eines Sachverhaltes in der analysierenden, untersuchenden Meditation; die andere ist die Sammlung des Geistes in der festigenden Meditation, bei der man sich punktförmig auf das erarbeitete Ergebnis konzentriert, wenn die Untersuchung ihr Ziel erreicht hat.

Ohne untersuchende Meditation ist es nicht möglich, ein sicheres, mit Gewißheit verbundenes Verständnis zu finden. Deshalb ist sie unerläßlich. Bei dieser Meditation muß der zu untersuchende Sachverhalt mit korrekten, schlüssigen Argumenten durchdacht werden. Die Gegenstände der Erkenntnis, die zu untersuchen sind, lassen sich in drei Gruppen einteilen: die Gruppe der offensichtlichen Phänomene, die der leicht verborgenen Phänomene und die der äußerst verborgenen Phänomene.

Um die offensichtlichen Phänomene zu erkennen, brauchen wir keine Begründungen. Das sind Dinge, die einfach und klar zu sehen, unmittelbar zu erfahren sind.

Die leicht verborgenen Phänomene kann man verstehen, indem man sie mit einwandfreien, gültigen Begründungen erschließt und so zu korrekten, sicheren Urteilen gelangt. Der Weg, um zu solchen richtigen Erkenntnissen zu gelangen, ist folgender: In unserem Denken finden sich Auffassungen, die ganz im Gegensatz zur Wirklichkeit stehen. Zuerst macht man die logischen Konsequenzen deutlich, die notwendigerweise aus diesen eigenen Auffassungen folgen. Dabei erkennt man, daß das eigene Denken zu inneren Widersprüchen führt und deshalb die Ausgangsauffassungen falsch sein müssen. Dadurch wandelt sich die anfängliche falsche Auffassung, die man von dem jeweiligen Sachverhalt hatte, in Zweifel, der nun schon zum Richtigen tendiert. Dieser Zweifel wird dann weiter Schritt für Schritt durch korrekte Argumente und Darlegungen zu einem einwandfreien Verständnis umgewandelt, so daß man den Sachverhalt so erkennt, wie er der Wirklichkeit entspricht. Dieses Verständnis enthält dann auch die Überzeugung von der Richtigkeit der eigenen Erkenntnis. Doch selbst wenn man durch solche korrekten Begründungen und Schlußfolgerungen eine sichere Erkenntnis gefunden hat, muß man den Sachverhalt ständig weiter durchdenken und untersuchen. Denn dadurch festigt man seine mit Gewißheit verbundene Erkenntnis darüber weiter, so daß man am Ende zu einer unumstößlichen Wahrnehmung des Sachverhaltes gelangt, die völlig klar und unmittelbar ist.

Äußerst verborgene Phänomene lassen sich allein durch direkte Begründungen und Beobachtungen nicht erschließen. Nur dadurch, daß man sich auf eine weitere Person verläßt, kann man sie sicher erkennen. Dazu muß man zuerst diese Person selbst mit begründetem, einwandfrei folgerichtigem Denken überprüfen, um zu wissen, daß sie Erfahrungen in Form von gültigen Erkenntnissen besitzt, daß sie in bezug auf den erörterten Sachverhalt unwiderlegbar ist und daß ihre Aussagen über diesen nun zur Frage stehenden Sachverhalt nicht ihren eigenen früheren Aussagen direkt oder indirekt widersprechen. Wenn man auf diese Weise mit vielen Begründungen Gewißheit darüber erlangt hat, daß die Erklärungen dieser Person über den Sachverhalt untrüglich sind, kann man ihren Worten Vertrauen entgegenbringen und so auch diesen äußerst subtilen und schwer festzustellenden Gegenstand erkennen.

Zu den drei Arten von Erkenntnisgegenständen und deren Erkenntnis drei einfache Beispiele: Wenn Sie auf mein Gesicht sehen, erkennen Sie unmittelbar, daß ich Brillenträger bin. Dazu bedarf es nicht weiterer Begründungen. Weiter denken Sie vielleicht, daß ich mich vor noch nicht allzu langer Zeit erkältet habe. Sie können nicht direkt sehen, daß ich mich erst neulich erkältet habe, aber durch das Anzeichen meines heutigen Hustens darauf schließen. Sie erkennen diesen Sachverhalt mit Hilfe einer korrekten Begründung. Sie wissen aber nicht, was ich in meiner Tasche bei mir trage. Sie haben keine klaren Anzeichen, um darauf schließen zu können. Solange ich Ihnen nicht sage, was sich in meiner Tasche befindet, kann es niemand von Ihnen wissen. So können Sie diesen Sachverhalt nicht mit direkten Folgerungen erschließen, sondern Sie sind dazu auf meine Aussagen angewiesen.

Auf der einen Seite ist also die analytische Schulung des Geistes notwendig. Auf der anderen Seite muß man die konzentrative Schulung des Geistes durchführen, bei der man den Sachverhalt nicht untersucht, sondern sich punktförmig über längere Zeit darauf konzentriert. Wenn man diese Meditation nicht übt, kann man auch nicht die Fähigkeit und die Gewöhnung erlangen, den Geist stabil auf dem jeweiligen Gegenstand des Denkens ruhen zu lassen. Deshalb ist am Ende der untersuchenden Meditation die festigende Meditation nötig, in der man den Geist punktförmig auf das erarbeitete Ergebnis richtet und ihn darauf verweilen läßt.

Die Stufen bei der Entwicklung des Geistes

In dem Vers lautet die letzte Zeile:

Wenn man den Geist als ungeboren erkannt hat,
gibt es auch keinen Tod.

Diese Zeile enthält die wesentliche Übung in der buddhistischen Lehre.

Um diese Übung zum Erfolg zu führen, ist als Vorbereitung eine gute Motivation erforderlich. Was ist die Wurzel dieser guten Motivation? Einerseits ist es Altruismus, die entschlossene Geisteshaltung, für das Wohl der anderen zu wirken; anderseits ist es das Streben danach, die endgültige Befreiung aus dem Daseinskreislauf *(saṃsāra)* zu erlangen.

Diese doppelte Schulung, die dem Erleuchtungsgeist und der Entsagung gilt, also dem altruistischen Streben nach höchster Erleuchtung und der Absicht, sich aus dem Daseinskreislauf endgültig zu befreien, wird in der dritten Zeile des Verses ausgedrückt, die lautet:

Wenn der Geist in den Dharma eingetreten ist,
ist man auch im Tod glücklich.

Damit das gelingt, ist es wiederum notwendig, die richtigen Mittel zur Schulung des Geistes zu kennen und zu beherrschen; man muß die Meditation meistern. Wie ich bereits erwähnt habe, ist die richtige Methode der Meditation, untersuchende und konzentrative Tätigkeit des Geistes Hand in Hand durchzuführen. Dies wird durch die vorhergehende, die zweite Zeile des Verses mitgeteilt:

Wenn der Geist ruht, worauf er gerichtet wird,
kann man ihn auch loslassen.

Damit diese Schulung gelingt, muß man zuerst Genügsamkeit üben. Daher heißt es in der ersten Zeile:

Wenn man zufrieden ist mit dem, was sich ergibt,
ist man in allen Fällen glücklich.

ZUFRIEDENHEIT

Wenn man zufrieden ist mit dem, was sich ergibt,
ist man in allen Fällen glücklich.

Innere Ruhe durch Genügsamkeit

Ganz sicher benötigen wir die grundlegenden, zum Leben erforderlichen Dinge in einem ausreichenden Maß. Es heißt nicht, man solle zur Ausübung von Dharma mit leerem Magen ausharren oder ohne Kleider leben. Die wirklich notwendigen Bedürfnisse müssen erfüllt sein. Aber es ist nicht gut, maßlos gierig zu sein: wenn man eins hat, nach zehn zu verlangen, wenn man zehn hat, nach hundert, und wenn man hundert hat, nach tausend. Eine solche Unersättlichkeit ist nicht richtig. In diesem Sinn sagt der Vers, daß es nötig ist, zufrieden zu sein mit dem, was man hat.

Ich glaube, daß Genügsamkeit selbst für Menschen, die keine Religion ausüben, sehr wichtig ist. Wenn man genügsam ist, wird man durch diese Genügsamkeit innere Zufriedenheit finden, und durch Zufriedenheit erfährt man geistige Ruhe, inneren Frieden. Wer keine Genügsamkeit kennt, unersättlich immer nach mehr und mehr verlangt, kann selbst den ganzen Globus besitzen und wird doch noch nicht zufrieden sein, sondern noch weiter immer mehr wollen. Ohne Genügsamkeit findet man keine Grenze, und als Resultat bleibt ein immerwährender Hunger. Selbst wenn man dann sehr reich ist, bleibt noch dieser ständige Hunger nach mehr. Das Resultat ist: Kein guter Schlaf, keine Entspannung, selbst beim Essen ist man in Eile, muß hier etwas nehmen und dort etwas, nie hat man genug. So sehen Sie: In Wirklichkeit verlieren Sie durch diesen Mangel an Genügsamkeit und durch zuviel Habgier Ihr eigenes Glück und werden zu einem Sklaven des Geldes. Das ist nicht richtig. Besonders für jemanden, der Dharma ausübt, der heilsame geistige Werte verfolgt, ist Genügsamkeit sehr wichtig und notwendig.

Anwendung im Alltag

Angenommen, Sie sind ein Mensch, der sich zur Mittelklasse zählt. Sehr gut. Stehen Sie in Ihrem normalen Alltag am frühen Morgen auf und verbringen Sie zumindest ein paar Minuten, wenn möglich eine halbe oder eine ganze Stunde, mit Meditation. Selbst wenn Sie nicht die tiefere Bedeutung kennen, richten Sie Ihre Gedanken ganz einfach nach innen, und versuchen Sie, einige Erfahrungen über die Natur des Geistes zu gewinnen. Diese Natur ist klares Licht. Versuchen Sie es, es wird Ihnen in dem Moment eine gewisse Entspannung und Erholung geben, und Sie werden auch mehr innere Ruhe gewinnen. Zudem trägt das nach innen gerichtete Denken, die nach innen gerichtete Meditation, dazu bei, Ihren Geist zu schärfen, und auf diesem Wege wird auch die Kraft Ihres Gedächtnisses gestärkt. Das ist etwas, was Sie selbst im Geschäftsleben brauchen. Ein klarer, scharfer Verstand und ein gutes Gedächtnis sind sehr nützlich. Dann brauchen Sie keine Notizen, müssen nicht bei jeder Neuigkeit schnell nach ihrem kleinen Notizbuch greifen. Denn alles können Sie oben im Kopf abspeichern. So ist die Schärfung des Geistes selbst im weltlichen Leben von großem Nutzen. Verbringen Sie also ein paar Minuten oder eine Stunde mit Meditation. Nehmen Sie danach ein gutes Frühstück zu sich, und gehen Sie dann Ihren üblichen Geschäften nach.

Bleiben Sie bei Ihrer Arbeit ein guter Mensch, ein ehrlicher Mensch. Hegen Sie keine Gefühle von Haß und Wut auf andere. Wenn jemand Ihnen gegenüber etwas falsch macht, dann können Sie durchaus in der richtigen Weise und im richtigen Maß reagieren, wie es den jeweiligen Umständen angemessen ist, ohne Ihre Geduld, Ihr Mitgefühl und Ihren inneren Frieden zu verlieren. Verhalten Sie sich in dieser Weise. So zu handeln, ist besonders in der Wettbewerbsgesellschaft wichtig.

Dann, am Abend, gehen Sie nicht in den Nachtklub oder hierhin und dorthin, sondern bleiben Sie zu Hause, entspannen Sie sich, sehen Sie von Zeit zu Zeit in den Fernseher, hören Sie die Nachrichten, und wenn Sie es wirklich benötigen, nehmen Sie ein leichtes Getränk, vielleicht etwas Bier, zu sich. Nehmen Sie sich dann noch einmal etwas Zeit zur Meditation. Fragen Sie sich, was Sie an diesem Tag wirklich getan haben. Prüfen Sie, rechnen Sie nach. Oft rechnen Sie Ihr Geld nach, wieviel Sie am Tag ausgegeben haben, wieviel Sie eingenommen haben, auch das ist wichtig; aber noch wichtiger ist, daß Sie die Taten des Tages nachrechnen, was Sie an falschen Dingen getan haben und was Sie an guten Dingen getan haben. Bekennen Sie sich Ihre schlechten Handlungen und bereuen Sie sie, freuen Sie sich über die guten Handlungen, und fassen Sie dabei den festen Entschluß, daß Sie auch in Zukunft weiter so handeln wollen. Dann legen Sie sich zum Schlafen, sehr ruhig – auch ohne Schlaftablette.

Genügsamkeit ist nicht Passivität

Genügsamkeit ist eine Quelle des Glücks. Wenn wir in die Geschichte sehen, die vielen Tragödien der Menschheit betrachten, die vergangenen Kriege, so können wir feststellen, daß ein Urheber dieser Tragödien der Mangel an Genügsamkeit und Zufriedenheit ist. Sie sind darauf zurückzuführen, daß man nicht genug haben kann, auf dieses unstillbare Verlangen nach immer noch mehr, sei es auf dem Gebiet der Macht, auf wirtschaftlichem Gebiet oder in anderen Bereichen. Die Folge davon ist zwangsläufig das Aufeinanderstoßen der verschiedenen Interessen, der Zusammenprall.

Genügsamkeit bedeutet nicht, pessimistisch und passiv zu bleiben. Das ist nicht die Art von Genügsamkeit, die hier gemeint ist. Genügsamkeit ist auf den Gebieten richtig, auf denen Sie niemals volle Befriedigung finden können, selbst wenn Sie das maximal Mögliche erreichten. Denn wenn Sie bei bestimmten Dingen sehen, daß sie Ihnen ohnehin keinen weiteren Nutzen und kein größeres Glück bringen können, dann ist der beste Weg, zu größter Zufriedenheit zu gelangen, doch sicher der, daß Sie diesen Dingen von vornherein genügsam gegenüberstehen.

Es ist jedoch kein Schaden, die unbegrenzte Entwicklung des Geistes, eine Geisteshaltung von unbegrenztem Altruismus, ohne Einschränkung weiterzutreiben. Diesen Dingen gegenüber, die zu letztlichem, dauerhaftem Glück führen, ist Genügsamkeit nicht angebracht. Auf diesem Gebiet sollten Sie sich niemals mit dem, was Sie bereits erreicht haben, zufriedengeben. Nur bei den Dingen, die kein wirkliches Glück geben können, muß man genügsam sein. Das ist ein sehr wichtiger Punkt.

Im Leben christlicher Mönche wird großer Wert auf Selbstdisziplin, Genügsamkeit und Einfachheit des Lebens gelegt. Das sind wahre Unterweisungen – sie sind wunderbar. Als ich auf dieser Reise das berühmte katholische Kloster Montserrat in der Nähe von Barcelona besuchte, traf ich einen Mönch, der in einer kleinen Einsiedelei hoch in den Bergen lebte. Ich fragte ihn nach seiner Strom- und Wasserversorgung. Er lachte und sagte: »Nein, ich habe keinen Strom, nur eine Kerze, und ich habe auch keine Wasserversorgung, nur den Regen.« Dieser Mönch lebte nun schon mehr als fünf Jahre dort, nur einmal im Jahr kam er zu einem Fest herunter ins Kloster. Er war ganz und gar Vegetarier und aß nur eine Mahlzeit am Tag, die dann noch meist eine kalte Mahlzeit war. Als wir so zusammensaßen und uns ansahen, entstand in mir ein außerordentliches Gefühl. Ich spürte, daß dieser Mönch ein ganz besonderer Mensch war. Daher sagte ich zu ihm im Scherz: »Sie sind der moderne

Milarepa!« Dann fragte ich ihn nach dem Inhalt seiner Meditation. Er antwortete: »Liebe, grenzenlose Liebe und Mitgefühl.« Das ist großartig; ich empfinde eine tiefe Bewunderung und Verehrung für diesen Mönch.

MEDITATION

Wenn der Geist ruht, worauf er gerichtet wird, kann man ihn auch loslassen.

Innere Festigkeit als Voraussetzung des Handelns

Eine Bedeutung dieser Zeile ist die folgende: Wenn man durch Training des Geistes einmal eine gute Selbstdisziplin erreicht hat, dann kann man ohne Gefahr die unterschiedlichsten Aufgaben angehen. Solange man jedoch die eigene Person durch die Ausübung der Lehre noch nicht genügend entwickelt und gefestigt hat, läuft man Gefahr, durch auftretende Hindernisse überwältigt zu werden, so daß aller Einsatz – zum Beispiel, um anderen Menschen zu helfen – verpufft oder gar Schaden nach sich zieht. Hat man andererseits durch Schulung des eigenen Wesens einmal inneren Halt und innere Festigkeit gefunden, dann kann man sich auch gefahrlos in den verschiedensten Bereichen engagieren und aktiv anderen helfen und ihnen von Nutzen sein; und selbst wenn man dazu nicht in der Lage sein sollte, wird man zumindest in keinem Fall von den Umständen beeinträchtigt oder gar überwältigt werden.

Aus diesem Grund heißt es in dem Vers, daß man einen Geist, der dort ruht, wohin er gerichtet wird, auch freilassen kann.

Geistige Ruhe und Besondere Einsicht

In einer weiteren Bedeutung verweist diese Zeile auf die Übung der festigenden Meditation zur Entwicklung von Geistiger Ruhe *(śamatha)* und die Übung der untersuchenden Meditation zur Schulung von Besonderer Einsicht *(vipaśyanā)*. In allen Unterweisungen bis einschließlich denen des Yogatantra – außer denen des Höchsten Yogatantra also – wird die Schulung des Geistes so erklärt, daß man Geistige Ruhe und Besondere Einsicht getrennt voneinander verwirklichen muß: Man entwickelt Geistige Ruhe durch die Übung der festigenden Meditation und Besondere Einsicht durch die Übung der untersuchenden Meditation. Durch festigende Meditation entwickelt man die Fähigkeit, den Geist beliebig lange und ganz mühelos auf seinem Meditationsobjekt ruhen zu lassen. Damit erlangt man einen Zustand vollkommener körperlicher und geistiger Beweglichkeit. Mit dieser Gefügigkeit von Körper und Geist ist ein besonderes Glück verbunden, das ein Zeichen für die Verwirklichung von Geistiger Ruhe ist.

Besondere Einsicht nennt man ein meditatives Gleichgewicht, das ebenfalls von einem solchen Glück aus körperlicher und geistiger Beweglichkeit getragen wird. Körper und Geist sind ohne Mühe zu jeder Art von tugendhafter Tätigkeit zu benutzen. In diesem Fall stellt sich dieser Zustand aber durch die Kraft der fortgesetzten untersuchenden Aktivität des Geistes ein. Es gibt keinen anderen Weg als diesen; denn dadurch, daß man festigende Meditation durchführt, kann man die Besondere Einsicht nicht erlangen, und ebenso-

wenig läßt sich durch die Ausübung von untersuchender Meditation die Geistige Ruhe erreichen.
Führt man die untersuchende Meditation durch, bevor man Geistige Ruhe erlangt hat, dann geht durch die analytische Tätigkeit des Geistes die meditative Festigung bei der Übung von Geistiger Ruhe wieder verloren. Hat man jedoch einmal durch die Ausübung der festigenden Meditation als Resultat Geistige Ruhe mit der Fähigkeit zu stabiler, punktförmiger Konzentration entwickelt, dann erhöht gerade die untersuchende Meditation noch die Fähigkeit des Geistes, beständig auf dem Meditationsobjekt zu verweilen.

Zuerst erlangt man also durch festigende Meditation die Vollkommenheit der Sammlung, die ihrem Wesen nach in Geistiger Ruhe besteht. Damit erreicht man, daß der Geist ruht, worauf er gerichtet wird, wie es im Vers heißt. Auf dieser Entwicklungsstufe trägt dann die untersuchende Tätigkeit selbst noch weiter dazu bei, daß der Geist sicher und beständig bei seinem Objekt verweilt. Aus diesem Grund muß man weiter untersuchende Meditation durchführen, nachdem man die meditative Festigkeit des Geistes erlangt hat. Dazu stellt man mit Hilfe von unterscheidender Weisheit immer wieder Untersuchungen über die einzelnen Wesensmerkmale des Gegenstandes der Meditation an. Aus diesem Grund sagt der Vers, daß man den Geist »loslassen« sollte, wenn man die Konzentration entwickelt hat.

In beiden Meditationen, also in der Geistigen Ruhe wie in der Besonderen Einsicht, gibt es die Möglichkeit, den Geist auf die konventionelle Natur der

Phänomene oder auf ihre letztliche Natur zu richten. Es gibt also auch Besondere Einsicht, die auf die konventionellen Aspekte der Phänomene gerichtet ist, und ebenso gibt es Geistige Ruhe, die die letztliche Bestehensweise der Phänomene zum Objekt der Beobachtung hat.

Die Durchführung der Meditation

Wie erlangt man Geistige Ruhe? Eine wichtige Voraussetzung bei der Schulung der Konzentration ist ein für die Meditation geeigneter Ort; er sollte völlig abgeschieden sein. Auch die richtige Körperhaltung bei der Meditation und die Nahrung, die man zu sich nimmt, haben einen Einfluß auf das Gelingen der Meditation. Die praktische Schulung des Geistes zum Erlangen Geistiger Ruhe wird außer im Buddhismus auch in vielen anderen Religionen durchgeführt, in Indien in vielen Hindu-Religionen etwa. Ebenso werden im Christentum Mittel angewendet, um Geistige Ruhe zu erreichen.

Wie übt ein Buddhist diese Meditation aus? Als Meditationsobjekt, auf das man den Geist richtet, sind die verschiedensten Dinge geeignet. Man kann sich ganz auf ein inneres Objekt konzentrieren, auf den Geist selbst also. Man kann die Konzentration auf die letztliche Natur des Geistes richten. Oder man kann sich einen äußeren, materiellen Gegenstand im Geiste vorstellen und sich darauf konzentrieren. Es gibt die Methode, daß man sich den Vorgang des Atems vergegenwärtigt oder die Aufmerksamkeit fortwährend ganz auf die jeweiligen Bewegungen des Körpers lenkt und damit die Fähigkeit der Vergegenwärtigung und Selbstprüfung schult. Wenn man als Objekt seiner Meditation die Erscheinung eines äußeren Gegenstandes wie die Gestalt eines Buddha nimmt und sich diese im Geist vergegenwärtigt, dann ist das ein recht angenehmes Objekt, das dem Geist verhältnismäßig leicht erscheint. Man kann sich auch in den wichtigen Zentren des Körpers, im Scheitel, im Hals, in Höhe des Herzens oder in Nabelhöhe einen leuchtenden Punkt oder einzelne Mantra-Silben, wie *OṂ, ĀḤ* oder *HŪṂ*, vorstellen und sich darauf konzentrieren. Die Verwendung solcher Silben würde die Meditation wahrscheinlich mit dem Tantra in Verbindung bringen. Ebenso werden in Verbindung mit Tantra auch Meditationen zur Erlangung von Geistiger Ruhe erklärt, bei denen man sich selbst in der Gestalt einer Gottheit visualisiert. Genauso ist es möglich, als Objekt die Energiekanäle im Körper *(nāḍī)* oder die sechs Zentren von Energiekanälen *(cakra)* zu visualisieren.

Ganz gleich, was man als Meditationsobjekt auswählen mag: Je feiner das Objekt ist, um so einfacher ist es, das Sinken, die Lethargie des Geistes, bei der Meditation zu verhindern. Auch ein helles, strahlendes Objekt trägt dazu bei. Stellt man sich das Objekt als etwas Schweres, Massives vor, dann hilft das, die Erregung, die Flatterhaftigkeit des Geistes, zu verhindern.

Es gibt viele Störungen, die den Geist daran hindern, einsgerichtet auf seinem Objekt zu verweilen. Die stärksten Hindernisse sind jedoch Sinken und Erregung. Sinken und Erregung treten in verschiedenen gröberen und feineren Formen auf. Als wichtigstes Mittel dagegen und als hauptsächlichen Faktor zur Erreichung von Konzentration muß man die Kraft der Vergegenwärtigung pflegen. Das ist die Fähigkeit, sich ein Objekt mit einsgerichtetem Geist deutlich bewußt zu machen und es dann festzuhalten, ohne es zu verlieren oder zu vergessen. Wenn die Kraft der Vergegenwärtigung richtig angewendet und gefördert wird, zieht sie allein schon die Selbstprüfung nach sich, mit der man sorgfältig darauf achtet, ob Fehler bei der Meditation auftreten.

Zuerst vergegenwärtigt man sich also das Objekt, indem man versucht, es mit einsgerichteter Aufmerksamkeit klar und eindeutig zu erfassen und im Geist festzuhalten. Wenn nun der Geist abgelenkt wird, indem er flatterhaft wird, von seinem Objekt abschweift und sich verliert, dann ist das ein Zeichen dafür, daß Erregung aufgetreten ist. Der Fehler ist, daß der Geist zu »hoch« ist; er muß wieder etwas »niedergedrückt« werden.

Daher schwächt man den Übereifer des Geistes ab und setzt ihn damit »herunter«. Dies mag zum einen zu dem gewünschten Ziel führen, daß der Geist nicht mehr so flatterhaft ist und von seinem Objekt abschweift, zum anderen kann dadurch aber auch eine Dumpfheit des Geistes hervorgerufen werden. Das Objekt der Meditation erscheint dann nicht mehr so deutlich, und die klare, erhellende Natur des Geistes, sein »klares Licht«, kommt nicht mehr so deutlich zum Vorschein. Dies ist ein Zeichen dafür, daß der Fehler des Sinkens aufgetreten ist. In diesem Fall ist es notwendig, den Geist wieder zu »erhöhen« und wieder mehr Eifer aufzubringen. Man muß in der eigenen Meditationserfahrung kennenlernen, was die beiden Fehler Erregung und Sinken tatsächlich sind und wie man ihnen mit den richtigen Gegenmitteln begegnet. Mit Worten allein kann man ihre Bedeutung nicht vermitteln. Bei der Übung ist es vorteilhaft, an jedem Tag viele Meditationssitzungen durchzuführen, die aber alle nur von kurzer Dauer sein sollten.

»Wenn der Geist ruht, worauf er gerichtet wird,« bedeutet, daß man durch die Kraft der kontinuierlichen Übung und der Gewöhnung daran, den Geist ohne Unterbrechung bei seinem Meditationsobjekt zu lassen, schließlich die Fähigkeit erlangt, sich ganz nach Wunsch und völlig mühelos auf jeden beliebigen Meditationsgegenstand zu richten und dabei zu verweilen.

Ein weiterer Weg, der zu diesem Ziel führt, macht die Natur des Geistes selbst zum Beobachtungsobjekt der Meditation. Dies ist etwas schwieriger und problematischer, weil sich dabei der Geist auf sich selbst richten muß. Wenn es einem aber gelingt, sich in dieser Meditation gut zu üben, ist ihre nutzbringende Wirkungskraft größer als bei den zuvor erwähnten Methoden. Dabei versucht man nicht, seine Gedanken zu formen oder sich etwas Besonderes vorzustellen. Man legt die Gedanken über Vergangenes oder Zukünftiges beiseite, denkt nicht darüber nach, was einem gestern oder heute widerfahren ist oder was man morgen hier und dort unternehmen muß, sondern läßt den Geist auf sich selbst, dem natürlichen Zustand des Bewußtseins, ruhen. Man richtet sich auf nichts weiter als auf die Natur des Geistes selbst: lediglich auf seinen klaren und erkennenden Aspekt. Diese Natur des Geistes, seine bloßen Wesensmerkmale, erhellend und klar zu sein und seine Objekte zu begreifen, versucht man in der eigenen Erfahrung festzustellen.

In der thailändischen Tradition ist es üblich, die Meditation mit folgendem Objekt durchzuführen: Man vergegenwärtigt sich die Bewegungen des Körpers in den verschiedenen Situationen, sei es beim Gehen, beim Essen und Trinken oder bei irgendeiner anderen Tätigkeit. Mit einsgerichteter Aufmerksamkeit folgt man den Aktivitäten des Körpers, ohne abzuschweifen. Zum Beispiel macht man sich den Vorgang des Gehens klar bewußt, indem man mit dem Geist die einzelnen Bewegungen genau verfolgt: »Jetzt hebe ich den Fuß, jetzt setze ich den Fuß auf«, und so fort. Genauso führt man sich jede andere Tätigkeit klar vor Augen, indem man sich vergegenwärtigt: »Jetzt führe ich diese Bewegung aus, jetzt führe ich jene Bewegung aus.« Auf diese Weise wird der Geist geschult.

Es ist nicht so einfach, wirkliche Erfahrungen mit diesen Meditationen zu erlangen; wenn man jedoch versucht, etwas davon anzuwenden, wird das sicher eine positive Wirkung auf die Klarheit des Denkens und des Gedächtnisses haben, wie ich es zuvor schon erwähnt habe. Was ich jetzt erklärt habe, ist die allgemeine Art, Geistige Ruhe zu schulen, wie sie den Sūtra-Unterweisungen und den Tantra-Unterweisungen gemeinsam ist.

»Besondere Einsicht« bedeutet, daß man einen Gegenstand der Meditation mit unterscheidender Weisheit immer wieder in seinen einzelnen Aspekten untersucht; diese können Aspekte der konventionellen oder der letztlichen Seinsweise des Meditationsobjektes sein. Dadurch, daß man die Beschaffenheit des Gegenstandes der Meditation wiederholt erforscht und analysiert, erlangt man eine »besondere«, eine vollständigere, erhöhte Einsicht in seine wirkliche Natur.

Damit sind die Erklärungen über die zweite Zeile des Verses beendet.

WIE DER GEIST IN DEN DHARMA EINTRITT

Wenn der Geist in den Dharma eingetreten ist,
ist man auch im Tod glücklich.

Tod, Wiedergeburt und Karma

Das Sterben ist für uns ein Leid, daß wir uns nicht wünschen. Es ist eines unserer vier Grundleiden: Geburt, Altern, Krankheit und Tod. Ein Grund unserer Furcht vor dem Tod ist der Gedanke, daß wir nicht mehr existieren werden. Jetzt leben wir, doch wenn diese Zeit, in der wir lebendig sind, zu Ende geht, werden wir nicht mehr da sein – dieser Gedanke jagt uns Angst ein.

In der buddhistischen Religion und ebenso in vielen anderen Religionen und Philosophien des Ostens glaubt man an die ununterbrochene Fortdauer des Geistes. Dieser Glaube ist die Grundlage für die Theorie der Wiedergeburt. Auch im frühen Christentum wurde von einigen die Wiedergeburt gelehrt, und ebenso ist sie im Sufismus teilweise heute noch lebendig. In vielen Formen des Hinduismus wird zwar ebenfalls die Theorie der Wiedergeburt angenommen, aber wenn man nach den letztlichen Ursprüngen fragt, wird die Welt doch wieder von einem Schöpfergott her erklärt.

Unser Geist ist ein augenblickliches, ein wechselhaftes Phänomen. Er vergeht mit jedem Augenblick, ändert sich also unaufhörlich. Diese Veränderungen des Geistes sind ein Anzeichen dafür, daß er auf Ursachen beruht. Denn der Geist ist ein wirksames Phänomen, und daher entsteht er, wie alle Arten von wirksamen Phänomenen, aus Ursachen. Ursachen kann man allgemein in zwei Arten unterteilen: substantielle Ursachen und mitwirkende Ursachen. Die substantiellen Ursachen bilden einen Teil des substantiellen, artgleichen Kontinuums des Phänomens, das sie erzeugen. Die mitwirkenden Ursachen sind weitere Ursachen des Phänomens, das hervorgebracht wird, liegen aber außerhalb seines Kontinuums und wirken von außen auf dieses ein. Bei allen wirksamen Phänomenen müssen ihre substantiellen Ursachen innerhalb ihres eigenen Kontinuums, dessen Bestandteile alle von ähnlicher Art sind, aufzufinden sein. So ist unsere Galaxie aus einem Gas entstanden, das die vier Grundelemente Erde (Festes), Wasser (Flüssiges), Feuer (Wärme) und Wind (Bewegung) enthielt. Die substantiellen Ursachen der Galaxie sind kleinste körperliche Teilchen, und obwohl alle Einzelheiten ihrer gegenwärtigen Körperlichkeit, etwa die jetzige Gestalt und Farbe, bei den in der Vergangenheit liegenden Ursachen noch nicht vorhanden waren, wissen wir doch, daß sie ihre gegenwärtige Form durch einen fortschreitenden Aufbau aus diesem ununterbrochenen Kontinuum kleinster Teilchen angenommen hat. Dieses Kontinuum weist immer das Wesen der vier Grundelemente auf.

Nach buddhistischer Beschreibung sind Erde, Wasser, Feuer und Wind die vier Grundelemente; dazu kommt nach dem Kālacakra-Tantra als fünftes Element der Raum. Sie bilden die Grundlage für den gesamten Kosmos. Auch die physische Grundlage der Lebewesen wird von diesen fünf Elementen gebildet: In diesem Fall sind sie die fünf inneren Elemente. So unterscheidet man die fünf äußeren und die fünf inneren Elemente voneinander.

Betrachten wir nun das Bewußtsein. Auch bei den Ursachen für ein Bewußtsein kann man entsprechend der gerade erklärten Einteilung zwei Arten von Ursachen unterscheiden: seine substantiellen Ursachen und seine mitwirkenden Ursachen. Sucht man bei einem Bewußtsein nach seinen hauptsächlichen, substantiellen Ursachen, so können diese nur etwas sein, das grundsätzlich die gleiche Natur wie das Bewußtsein selbst besitzt. Die Ursachen, die das Kontinuum des Bewußtseins aufrechterhalten, innerhalb dessen alle Bewußtseins-Augenblicke von ähnlicher Art sind, müssen selbst auch die grundlegenden Wesensmerkmale des Bewußtseins, nämlich Klarheit und Erkenntnis, besitzen. Es ist nicht möglich, etwas als substantielle, artgleiche Ursache für einen späteren Bewußtseinsaugenblick, der ja immer klar und erkennend ist, zu bestimmen, das selbst nicht diese selben Wesensmerkmale trägt.

Ebenso muß die Entstehung dieser Galaxie einen Grund haben. Die Wissenschaft ist heute imstande, eine Antwort auf die Frage zu geben, wie sie entstanden ist. Fragt man aber noch weiter nach den

Ursachen, gibt es viele Probleme. Entweder muß als Antwort auf diese Frage ein Schöpfergott angenommen werden, oder man sagt, daß es keine bestimmte Ursache gibt, und vertritt die Theorie des »Big Bang«, des Urknalls. Letzteres würde bedeuten, daß das Universum durch Zufall entstanden ist. Was aber ist der Grund für dieses zufällige Ereignis? Denn auch dieses müßte ja irgendeinen Grund haben.

Im Buddhismus wird daher folgendes gesagt: In einem Universum, das in einer bestimmten Form entstanden ist, existieren dessen »Benützer«, nämlich die Wesen, denen diese Welt zur Verfügung steht und die sie mit Glück und Leid erfahren. Aus diesem Grund entsteht ein Universum in seiner bestimmten Ausprägung immer durch die Kraft der Taten *(karma)* der fühlenden Wesen, die in ihm nach seiner Entstehung leben werden. Aus all diesen Überlegungen folgt, daß unser Geistiges Bewußtsein sich ununterbrochen weiter fortsetzt – es gab keinen Anfang und es wird kein Ende geben. Das ist die grundlegende Theorie. Somit ist die Zeit eines Lebens zwischen Tod und Geburt nur etwas Zeitweiliges, Vorübergehendes, etwas, das man immer wieder hinter sich läßt und wechselt – ähnlich wie die Kleider eines Tages.

Religiöse Praxis als Vorbereitung

Wodurch wird die Qualität zukünftiger Existenzen bestimmt? Sie ist abhängig vom gegenwärtigen Verhalten. Ist das gegenwärtige Verhalten gut, so ist das gewissermaßen eine Garantie für das nächste Leben.

So braucht der Tod – wenn der eigene Geist tatsächlich in den Dharma eingedrungen ist und man sein Leben heilsam geführt hat – kein erschreckendes Ereignis zu sein, angesichts dessen man in Furcht und Verzweiflung geraten müßte. Nun fragt man sich, wie man den Dharma anwenden muß, damit der Geist in den Dharma eintritt.

Zuerst muß man aus der Überlegung heraus, daß alle Taten später ihre entsprechenden Wirkungen hervorbringen werden, in der praktischen Lebensführung an jedem Tag so viel gute Taten sammeln, wie man kann, und sich nach besten Kräften bemühen, eigenen schlechten Taten entgegenzuwirken. Wenn man so verfährt, ist das die erste Garantie.

Solange wir diese befleckten körperlichen und geistigen Aggregate *(skandha)* besitzen, besitzen wir auch ständig die Grundlage für alle Arten von Leid. Unsere körperlichen und geistigen Aggregate sind befleckt, weil wir sie durch die Kraft befleckter Taten *(karma)* und Leidenschaften *(kleśa)* angenommen haben. Daher sind sie von der Natur des allesdurchdringenden Leids des Bedingtseins. Denn auch wenn wir im Augenblick nicht das offensichtliche Leid des Schmerzes oder das Leid des Wandels erfahren müssen, sind wir doch von Körper und Geist her so beschaffen, daß stets durch das Auftreten sekundärer Umstände größter Schmerz entstehen kann. Durch diese Überlegung wird man sich der Tatsache bewußt, daß jederzeit Leid entstehen kann. Man versteht, daß der Daseinskreislauf in seiner Natur Leiden ist. Indem man diese Einsicht schult, entwickelt man das Streben danach, diesen unaufhörlichen Fortgang befleckter körperlicher und geistiger Aggregate, der von Leidenschaften und befleckten Taten beherrscht wird, zu beenden und die Befreiung zu erreichen. Wenn man dieses Streben nach Befreiung aus dem Daseinskreislauf im Leben gut schult, ist das die zweite Garantie dafür, daß man sich vor dem Tod und dem Dasein in der weiteren Zukunft nicht zu fürchten braucht, und diese zweite Garantie ist noch sicherer und begründeter als die erste.

Ist man darüber hinaus imstande, sich in seinem Leben durch Training des Geistes so zu wandeln, daß man eine Haltung in sich erzeugt, die es erlaubt, die anderen Wesen mehr zu schätzen als sich selbst, das Wohl der anderen für das Wichtigste zu halten und die gesamten eigenen Fähigkeiten von Körper, Sprache und Geist für andere zu nutzen, dann braucht man den Tod auch nicht zu fürchten. Diese dritte Garantie ist die wirkungsvollste.

Das ist die Bedeutung der dritten Zeile des Verses.

DEN GEIST ALS UNGEBOREN ERKENNEN

Wenn man den Geist als ungeboren erkannt hat,
gibt es auch keinen Tod.

Was versteht man darunter: Der Geist ist ein »ungeborenes« Phänomen? Dazu gibt es zwei Erklärungsweisen. Eine Art der Erklärung, wie man den Geist als ungeboren erkennt, geht von den Sūtra- und Tantra-Unterweisungen gemeinsam aus; eine andere Erklärungsweise gehört ausschließlich zum Höchsten Yogatantra.

Die gemeinsame Erklärung von Sūtra und Tantra

Die Nicht-Auffindbarkeit des Objektes

In der den Sūtra-und Tantra-Unterweisungen gemeinsamen Erklärung wird folgendes gesagt: Ein Phänomen, das auf Ursachen und Bedingungen beruht, existiert konventionell als etwas in abhängiger Weise Entstehendes und Vergehendes. Vertritt man nun die Ansicht, daß Entstehen und Vergehen als die letztlichen Seinsweisen dieses Phänomens bestimmt werden können, dann müßte man das Entstehende und Vergehende auch finden können, wenn man bei einer Untersuchung der letztlichen Seinsweise des Phänomens den jeweiligen Gegenstand der Benennungen

»Entstehendes« und »Vergehendes« sucht.

Das gleiche müßte gelten, wenn man die Entität dieses Phänomens auf ihre letztliche Seinsweise hin untersucht. Dabei fragt man, was diese Entität eigentlich ist, ohne sich als hinreichendes Kriterium für deren wahre Existenz damit zufriedenzugeben, daß das Phänomen in Form von konventionell wahren Attributen, wie »gut« oder »schlecht«, »nützlich« oder »schädlich« und ähnlichem, erscheint. Wenn man so untersucht, was letztlich die als inhärent existierend erscheinende Entität des Phänomens ist, ob und wie sie existiert, kann man sie nicht finden. Mit anderen Worten: Das jeweils als dieses oder jenes Erfaßte und Benannte, der »Gegenstand der Benennung«, ist nicht aufzufinden, wenn man ihn bei einer Analyse der letztlichen Seinsweise des Phänomens sucht.

Sucht man also irgendein entstehendes und vergehendes Phänomen in der Natur des Entstehens, so kann man es letztlich nicht finden. Sucht man es in der Natur des Bestehens, so läßt es sich nicht finden. Und auch wenn man es in der Natur des Vergehens sucht, ist es nicht aufzufinden. Dadurch erkennt man, daß das jeweilige Phänomen in seiner letztlichen Seinsweise frei von Entstehen, Bestehen und Vergehen ist.

Kurz, es gibt kein Entstehen aus den vier Extremen: Es gibt nichts ohne Ursachen Entstehendes; es gibt nichts aus sich selbst Entstehendes; es gibt nichts aus [inhärent] anderem Entstehendes, und es gibt nichts, das aus beidem, sich selbst und anderem, entsteht. So läßt sich das Entstehende nicht bestimmen, wenn man nach dem Gegenstand der Benennung »Entstehendes«

sucht. Untersucht man das Phänomen, das in sich zu bestehen scheint, auf seine letztliche Entität hin, so ist es nicht auffindbar. Aus diesem Grund heißt es in den Schriften zum Mittleren Weg *(madhyamaka):* »[Ein Phänomen] ist weder [inhärent] existent noch nicht-existent, weder beides noch nicht-beides.«

Im Hinblick auf Wirkungen heißt es in einer Erklärung: Ein entstehendes Phänomen wird weder als [inhärent] Existierendes noch als Nicht-Existierendes erzeugt. Es entsteht nicht als [inhärent] Existierendes, denn sonst wäre sein Entstehen gar nicht von den Ursachen abhängig. Wenn es als Nicht-Existierendes entstehen würde, könnte es von seinen Ursachen gar nicht hervorgebracht werden. Deshalb gibt es weder das Entstehen eines existierenden Phänomens noch das Entstehen eines nicht existierenden Phänomens.

Auf den ersten Blick mag es wie ein völliger Widerspruch erscheinen, wenn es etwa heißt, etwas sei weder existent noch nicht-existent, weder beides noch nicht-beides. Tatsächlich werden diese Aussagen jedoch nach sehr genauen, sicher begründeten Untersuchungen gemacht, und mit ihnen wird die Wirklichkeit sehr tief und korrekt beschrieben. Ich möchte dazu ein Beispiel geben: Jeder einzelne von uns faßt die Dinge verschieden auf. Wir sehen diese Blume auf meinem Tisch in der üblichen Weise: nichts weiter als eine gelbe Blume. Ein Wissenschaftler jedoch, der sich für den Aufbau der Blume interessiert und sie in ihre kleinen und kleinsten Teilchen zerlegt, hat eine ganz andere Wahrnehmung von der Blume als wir.

Das Abhängige Entstehen

Der wichtigste Satz im Buddhismus im Hinblick auf die rechte Ansicht ist der vom abhängigen Entstehen. Die Existenz eines jeden Phänomens beruht notwendigerweise auf anderen Phänomenen; jedes Phänomen ist von anderem abhängig und wird in Abhängigkeit von anderem bestimmt. Aus diesem Grund spricht man von abhängigem Entstehen.

Man unterscheidet zwei Arten von sich gegenseitig ausschließenden Phänomenen, von Widersprüchen also. Zur ersten Art gehören Phänomene, die sich einfach dadurch ausschließen, daß es einen »gemeinsamen Ort«, das ist ein Gegenstand, der sowohl das eine als auch das andere der beiden Phänomene ist, nicht gibt. Bei dieser Art des Widerspruchs ist aber ein Drittes möglich. Es gibt nämlich eine dritte Gruppe von Phänomenen, die weder das eine noch das andere der zwei sich gegenseitig ausschließenden Phänomene sind.

Die zweite Art sich gegenseitig ausschließender Phänomene sind die direkten Kontradiktionen, die alles Existierende in zwei Gruppen teilen und damit auch die Möglichkeit einer dritten Gruppe existierender Phänomene ausschließen.

Ein Beispiel für die erste Art eines Widerspruchs, für Phänomene, die sich allein durch das Nichtvorhandensein eines gemeinsamen Ortes gegenseitig ausschließen, ist »Mensch« und »Blume«. Denn es gibt zwar nichts, das sowohl Mensch als auch Blume wäre, aber es gibt eine dritte Gruppe von Phänomenen, zu der etwa »Vogel« gehört. »Mensch« und »Nicht-Mensch« jedoch bilden eine direkte Kontradiktion, die auch die Möglichkeit einer dritten Gruppe von existierenden Phänomenen ausschließt; denn alles, was existiert, ist entweder Mensch oder Nicht-Mensch, und es existiert nichts, was weder Mensch noch Nicht-Mensch ist.

Abhängigkeit und Unabhängigkeit schließen sich gegenseitig ebenso direkt aus. Sie widersprechen sich nicht nur einfach in dem Sinne, daß es nichts gibt, was sowohl abhängig als auch unabhängig ist, sondern sie bilden vielmehr eine direkte Kontradiktion, die eine dritte Möglichkeit ausschließt. So muß etwas, wenn es existiert, entweder abhängig oder unabhängig sein, eine dritte Möglichkeit besteht nicht.

Würde nun ein Phänomen unabhängig, in sich existieren, so müßte der Gegenstand der Benennung durch die Suche danach um so deutlicher hervortreten. Weil jedoch der Gegenstand der Benennung nicht aufzufinden ist, wenn man danach sucht, spricht man von Nichtexistenz. Das bedeutet aber nicht, daß die Phänomene überhaupt nicht existieren; denn sie bewirken ja unter anderem Nutzen und Schaden. Wir alle, ich als der Erklärende und Sie als die Zuhörer, sind uns in der Hinsicht gleich, daß wir bei einer Suche nach dem Gegenstand der Benennung – also bei der Suche nach dem, was man diese oder jene Person nennt, – nicht auffindbar sind. Wir können jedoch völlig unabhängig von der Untersuchung und Überprüfung der Art und Weise, wie wir existieren, Funktionen erfüllen, etwa dadurch, daß ich, der Erklärende, spreche und Sie, die Zuhörer, zuhören. Wir sind also Phänomene, von denen Wirkungen wie Nutzen und Schaden ausgehen, und deshalb gibt es uns. Wir sind existent und nicht nicht-existent.

Abhängigkeit und Leerheit

Man kann also zusammenfassend feststellen: Die Phänomene existieren; denn sie bewirken Nutzen und Schaden. Jedoch, obwohl sie existieren, kann man in einem Objekt, analysiert man dessen letztliche Seinsweise, seine Entität nicht finden. Daraus folgt notwendigerweise, daß die Seinsweise der Phänomene nur eine abhängige sein kann – eine andere Möglichkeit besteht nicht. Da die Phänomene nur auf abhängige Weise existieren, ist Abhängigkeit ihre Natur; sie sind frei von einer Natur der Unabhängigkeit. Aus diesem Grund, weil die Phänomene von einer Natur der Unabhängigkeit *leer* sind, sagt man, daß die eigentliche Natur aller Phänomene ihre *Leerheit (śūnyatā)* ist. Wenn uns die Phänomene erscheinen, gewahren wir sie jedoch immer so, als seien sie unabhängig. Deshalb ist es notwendig, daß wir über die letztliche Natur der Phänomene – ihre Leerheit – Überlegungen anstellen und dann kraft dieser Untersuchungen ein sicheres Verständnis davon erlangen, daß die Phänomene nicht in der Weise existieren, wie sie uns erscheinen. So wird erkannt, in welcher Weise die Phänomene ohne Geburt, ohne Entstehung, sind. Wenn man dieses Verständnis kontinuierlich weiter schult, erlangt es am Ende die Kraft, die irrtümliche Vorstellung, die

Phänomene besäßen wahre Existenz, die die Wurzel aller Leidenschaften ist, ganz zu beenden.

In dieser kontinuierlich durchzuführenden Meditation übt man die Erkenntnis der Leerheit, die der Bereich der letztlichen Wirklichkeit *(dharmadhātu)* ist, weiter ein. Die Täuschung des Bewußtseins besteht darin, daß man die Phänomene nicht entsprechend ihrer letztlichen Natur, ihrer Leerheit, erfaßt. Durch die fortgesetzte Meditation kann man dieses falsche, getäuschte Auffassen der Phänomene zu einem Ende bringen. Alle künstlichen Fabrikationen wahrer Existenz, die durch das getäuschte Auffassen der Phänomene geschaffen werden, verlieren sich so im Bereich der letztlichen Wirklichkeit. Dann ist der Bereich der letztlichen Wirklichkeit die Wahre Beendigung des Leids – das Nirvāṇa.

Auf diese Weise erkennt man, daß der Geist ungeboren ist. Man versteht, daß der Geist in seiner letztlichen Seinsweise frei von Entstehen ist, und man schult diese Einsicht ohne Unterlaß weiter. Dann, sagt der Vers, »gibt es auch keinen Tod«. Denn durch diese Schulung gibt man den Tod auf, der von befleckten Taten und von Leidenschaften verursacht wird: man wird frei vom Tod.

Die nicht-gemeinsame Erklärung des Höchsten Yogatantra

Nun werde ich eine kurze, das Wesentliche zusammenfassende Erläuterung der letzten Zeile des Verses vom Gesichtspunkt des Höchsten Yogatantra aus geben. Bis jetzt habe ich das Ungeborensein des Geistes im Hinblick auf die Leerheit an inhärenter Existenz des Objektes erklärt. In der nun folgenden Erklärung möchte ich noch darüber hinausgehen und das Ungeborensein im Hinblick auf das erkennende Subjekt beschreiben.

Der Begriff des Letztlichen im Höchsten Yogatantra

Den Begriff der Beständigkeit kann man auf zwei Gruppen von Phänomenen anwenden. Es gibt zum einen Phänomene, die deshalb beständig sind, weil sie nicht augenblicklich sind. Das heißt, daß sie nicht mit jedem Moment vergehen. In dieser Weise sind alle Nicht-Produkte, das sind alle Phänomene, die nicht von Ursachen und Bedingungen erzeugt werden, beständig. Zum anderen gibt es Phänomene, die man aufgrund ihrer Kontinuität beständig nennt, obwohl sie in jedem Moment vergehen, sich mit jedem Augenblick wandeln.

Ebenso gibt man in den Schriften zum Mittleren Weg *(madhyamaka)* der Ursprünglichen Weisheit, die die Leerheit erkennt, den Namen des Letztlichen. Man nennt sie von dem Gesichtspunkt her »letztlich«, weil ihr Objekt das Letztliche, die letztliche Wahrheit, ist. Auch im Guhyasamāja-Tantra und im Kālacakra-Tantra wird bei vielen Gelegenheiten dem Klaren Licht des Subjektes der Name des Letztlichen gegeben. Ähnlich gibt es in den Schriften über die Große Vollendung, Dsog-tschen, (tib.: *rDzogs chen)* eine Unterscheidungsweise der Zwei Wahrheiten, bei der die wechselhaften, zeitweilig auftretenden Phänomene konventionelle Wahrheiten genannt werden und die nicht wechselhaften, ständig vorhandenen Phänomene letztliche Wahrheiten. In diesem System nennt man das äußerst feine, angeborene Bewußtsein und die mit diesem Bewußtsein eine untrennbare Einheit bildenden Energieströme, die äußerst feinen angeborenen »Winde«, letztliche Wahrheiten. Alle anderen wechselhaften Zustände des Geistes und alle äußeren Dinge werden konventionelle Wahrheiten genannt.

Das Klare Licht des Geistes

Das Klare Licht des Subjektes ist der natürlich anwesende, angeborene Geist. Dieser Geist hat keinen Anfang und kein Ende und wird der »All-Gute« *(samantabhadra)* genannt. Weil der Geist in diesem Aspekt ohne Anfang und ohne Ende ist, gehört zu seiner Natur nichts Flüchtiges, Zeitweiliges, das durch Ursachen und Bedingungen erst neu hervorgebracht werden müßte. Aus diesem Grund ist dieser Geist ungeboren. »Wenn man den Geist als ungeboren erkannt hat,« bedeutet nach den Lehren des Höchsten Yogatantra, diesen Geist offen hervortreten zu lassen, aber nicht in der gewöhnlichen, unfreiwilligen Weise im Tod durch die Kraft von befleckten Taten und Leidenschaften, sondern durch die Kraft des Yoga. Kraft dieser Schulung wird der Tod, der durch die befleckten Taten und die Leidenschaften zustande kommt, aufgegeben.

Dieser innerste, äußerst feine Geist, das Klare Licht, ist der subtilste Zustand des Bewußtseins. Innerhalb unseres sechsten, Geistigen Bewußtseins, gibt es viele verschiedene Ebenen der Subtilität. In diesem Augenblick benutzen wir eine bestimmte Ebene des Geistigen Bewußtseins. Wenn wir träumen, erfahren wir schon eine tiefere Ebene des Bewußtseins. Wenn wir uns in einem sehr tiefen Schlaf ohne Träume befinden, erleben wir ein noch tieferes Bewußtsein. Jemand, der in Ohnmacht fällt, das Bewußtsein verliert und vielleicht sogar für kurze Zeit zu atmen aufhört, erfährt in dem Moment eine Ebene des Bewußtseins, die noch tiefer liegt. Das letztliche, allerfeinste, innerste Bewußtsein tritt nur dann zutage, wenn wir sterben. Nur im Tod erleben wir das tiefste Bewußtsein.

Wenn wir tiefere Ebenen des Bewußtseins erfahren, sind wir gewöhnlich wie benommen oder bewußtlos. Wir können uns ein Beobachtungsobjekt nicht deutlich bewußt machen und besitzen nicht die Kraft, es klar zu erfassen. Es ist jedoch möglich, durch entsprechende Schulung die Fähigkeit zu erlangen, die subtilen Bewußtseinsebenen auch im wachen und klaren Zustand des Geistes hervortreten zu lassen, so daß sie ständig zum Gebrauch zur Verfügung stehen und nicht mehr nur kurz und unfreiwillig wie etwa im Tod auftreten. Zu diesem Zweck werden auch verschiedene Yoga-Übungen durchgeführt, in denen man unter anderem lernt, den Atem zu kontrollieren oder bestimmte Energieströme im Körper zu gebrauchen. In diesen Übungen will man die gröberen Geisteszustände in ihrer Kraft vermindern, um dann an ihrer Stelle die feineren Geisteszustände aktiv werden zu lassen. Das ist die Vorgehensweise.

Im Hals befindet sich ein »Rad« *(cakra)*, ein Zentrum von Energiekanälen, welches das »Rad des Erfreuens« genannt wird. Indem man an bestimmten Punkten von außen Druck auf dieses Zentrum ausübt, kann man gewaltsam den Zustand des Klaren Lichtes hervorrufen. Wenn man nicht vorsichtig ist, kann man sich aber auch umbringen. Anstatt des Klaren Lichtes auf dem Pfad tritt dann der Tod ein. Auch wenn man bei den körperlichen Übungen etwas falsch macht, kann das zum Zusammenbruch des Nervensystems führen. Aus diesem Grund wird die Lehre des Tantra im allgemeinen und die Lehre des Höchsten Yogatantra im besonderen »Geheime Lehre« *(guhyamantra)* genannt; denn nur wenn man einen qualifizierten, erfahrenen Lehrer hat, der fähig ist, aus seiner eigenen Erfahrung Anleitung zu geben, kann man diese Lehren anwenden. Dieses ist der einzige Weg, andernfalls kann die Anwendung dieser Methoden sehr gefährlich sein.

Die Einheit der Traditionen

Um sich das Klare Licht-Bewußtsein in der Meditation zunutze zu machen und so das eben erläuterte Ziel zu erreichen, wird in der Njing-ma-Tradition die Ausübung der Großen Vollendung und in der Ka-gjü-Tradition die Ausübung des Großen Siegels *(mahāmudrā)* erklärt. Die Ausübung der Großen Vollendung in der Njing-ma-Tradition geht von den beiden Begriffen des »Ursprünglich Reinen« und des »Spontanen Geistes« aus. Das »Ursprünglich Reine« bezieht sich in erster Linie auf die Leerheit, wie der Buddha sie im

Mittleren Rad der Lehre gelehrt hat. »Spontaner Geist« bezieht sich auf die Unterweisungen aus dem Letzten Rad der Lehre, in denen Buddha die Veranlagung gelehrt hat, die die Essenz eines Zur-Glückseligkeit-Gegangenen *(tathāgatagarbha)* ist – die Buddhanatur. Der eigentlicher Gedanke des Buddha bei diesen Unterweisungen war, das letztliche Klare Licht, wie es im Höchsten Yogatantra beschrieben wird, zu lehren; er benutzte dazu jedoch die Worte von der Veranlagung, die die »Essenz eines Zur-Glückseligkeit-Gegangen« ist. Das »Ursprünglich Reine« und der »Spontane Geist« sind die beiden zentralen Begriffe, auf die sich die Ausübung der Großen Vollendung stützt.

Die Unterweisungen des Großen Siegels in der Kagjü-Tradition basieren zum einen auf dem Begriff des »Erkennenden«, einem Bewußtsein, das die Grundlage für alle Phänomene des Daseinskreislaufes und des Nirvāṇa ist. Dieser Begriff bezieht sich wiederum auf die Veranlagung, die die Essenz eines Zur-Glückseligkeit-Gegangenen ist, wie Buddha sie im Letzten Rad der Lehre gelehrt hat. Zum anderen gründen die Erklärungen des Großen Siegels auf dem Begriff vom »Bereich der letztlichen Wirklichkeit«, wie Buddha ihn im Mittleren Rad der Lehre gelehrt hat. Die Ausübung des Großen Siegels stützt sich auf die Untrennbarkeit dieser beiden: des fundamentalen Erkennenden und des Bereiches der letztlichen Wirklichkeit. Der »Erkennende« bezieht sich wiederum auf das natürlich anwesende, äußerst feine, angeborene Bewußtsein.

In der Sa-kja-Tradition wird eine Ausübung beschrieben, die »Pfad und Ergebnis«, Lam-Drä (tib.: *Lam 'bras)*, heißt. Diese wird innerhalb der Unterweisungen des Sūtra-Fahrzeuges und innerhalb der Unterweisungen des Tantra-Fahrzeuges gelehrt. Das Wesentliche in diesem System ist die Schulung der Betrachtung, daß im Hinblick auf das »allem zugrunde liegende Ursprungs-Kontinuum« Daseinskreislauf und Nirvāṇa ohne Unterschied sind.

Allgemein werden drei Kontinua voneinander unterschieden. Tsong-ka-pa nennt sie in der *Großen Darlegung des Geheimen Mantra:* grundlegendes Kontinuum, Kontinuum des Pfades und resultierendes Kontinuum. »Grundlegendes Kontinuum« bezieht sich auf das allem zugrunde liegende Ursprungs-Kontinuum. Dieses wird von dem Gesichtspunkt her, daß es die Grundlage für alle Phänomene des Daseinskreislaufes und des Nirvāṇa bildet, »allem zugrunde liegend« genannt.

Der Begriff »Ursprungs-Kontinuum« tritt in den Schriften des Höchsten Yogatantra auf und kann auf drei verschiedene Arten angewendet werden: Zum einen bezieht er sich auf die letztliche Natur des Geistes; zum anderen bezieht er sich auf den äußerst feinen Geist; zum dritten bezeichnet man die juwelengleiche Person selbst mit diesem Wort: eine Person, die von Vertrauen, Weisheit, Anstrengung und Verdiensten her die besten Voraussetzungen zur Aufnahme und Anwendung der Lehren des Tantra besitzt. In der Sa-kja-Tradition wird der Begriff »Ursprungs-Kontinuum« für den äußerst feinen, natürlich anwesenden, fundamentalen Geist des Klaren Lichts gebraucht. Dieser Geist befindet sich im Daseinskreislauf, solange er befleckt ist, solange er also beeinträchtigt ist von Leidenschaften. Der Zustand, in dem alle mit diesem Geist verbundenen Befleckungen zu Ende gegangen sind, ist Nirvāṇa.

Es kann nur der äußerst feine, natürlich anwesende, angeborene Geist des Klaren Lichts sein, der diesen Zustand erlebt, wenn sich alle Befleckungen in dem Bereich der letztlichen Wirklichkeit verloren haben; denn alle gröberen, wechselhaften Geisteszustände sind von dem Yogi durch die Schulung auf dem Pfad bis hin zur Diamantgleichen Meditativen Festigung auf dem Pfad der Meditation überwunden worden.

Wie Tsong-ka-pa zu Beginn seiner Anmerkungen zu [Candrakīrtis Kommentar des] *Guhyasamāja*-Tantra erklärt, treten bei der Auflösung im Tod der Reihe nach immer tiefere Ebenen des Bewußtseins zutage, die mit den Erscheinungen von vier Arten der Leere verbunden sind: Leere, große Leere, äußerste Leere und völlige Leere. Dann, bei der Neu-Entstehung nach dem Tod, treten diese in umgekehrter Reihenfolge wieder auf, und so bilden sich wieder gröbere Bewußtseinszustände. Das bedeutet, daß der natürlich innewohnende, äußerst feine Geist auch zur Zeit der Grundlage, also solange wir im Daseinskreislauf sind, die Grundlage für die unreinen Erscheinungen des Daseinskreislaufes ist. Ebenso ist dieser äußerst feine, natürlich anwesende Geist des Klaren Lichts auch der »Entstehungsort« der vortrefflichen Eigenschaften der Befreiung. Somit ist er sowohl Grundlage für alle

Phänomene des Daseinskreislaufes wie für die des Nirvāṇa. Im Bereich des Klaren Lichts sind Daseinskreislauf und Nirvāṇa ohne Unterschied. Dies ist die Betrachtungsweise der Ununterscheidbarkeit von Daseinskreislauf und Nirvāṇa: im Hinblick auf das allem zugrunde liegende Ursprungs-Kontinuum sind Daseinskreislauf und Nirvāṇa ohne Unterschied.

Bei der Betrachtung der Nicht-Unterscheidbarkeit von Daseinskreislauf und Nirvāṇa schult man die Erkenntnis, daß alle Phänomene des Daseinskreislaufes und des Nirvāṇa nichts anderes als Darbietungen des natürlich anwesenden Geistes des Klaren Lichts sind: Sie alle werden dadurch bestimmt, daß sie Erscheinungen für den natürlich anwesenden Geist des Klaren Lichts sind. In diesem System wird nicht etwa gesagt, daß die erfaßten Phänomene eine Entität mit dem sie erfassenden Bewußtsein bilden, wie es in der Nur-Geist-Philosophie *(Cittamātra)* behauptet wird. Doch als der letztliche Urheber aller Dinge wird dieser äußerst subtile Geist des Klaren Lichts gesehen, und somit sind alle Phänomene nichts anderes als Darbietungen oder Hervorbringungen dieses Geistes. Die klare Sicht dieses Zusammenhangs ist die Betrachtung der Ununterscheidbarkeit von Daseinskreislauf und Nirvāṇa.

In der Ge-lug-Tradition wird innerhalb des Höchsten Yogatantra eine besondere Meditation der Ansicht des Mittleren Weges erklärt, die von dem Begriff der »Unteilbarkeit von Glückseligkeit und Leerheit« ausgeht. Dabei ist die Leerheit das Objekt und die Große Glückseligkeit das Subjekt. Der Meditierende offenbart [auf der Vollendungsstufe des Höchsten Yogatantra] den äußerst feinen, angeborenen Geist als Ursprüngliche Weisheit, die mit ihrem Objekt, der Leerheit, so verquickt ist, daß beide nicht zu unterscheiden sind. Diese Ursprüngliche Weisheit ist mit Großer Glückseligkeit vereint. Große Glückseligkeit tritt auch schon auf der Erzeugungsstufe des Höchsten Yogatantra auf; aber der eigentliche Gegenstand, auf den der Begriff »natürliche Große Glückseligkeit« angewendet wird, ist die Glückseligkeit, die diesen natürlich anwesenden, äußerst feinen, fundamentalen Geist des Klaren Lichts begleitet.

Betrachtet man die erwähnten zentralen Begriffe in den verschiedenen Traditionen von dieser natürlichen Großen Glückseligkeit her, so stellt man fest, daß sie sich alle auf den fundamentalen, natürlich anwesenden Geist des Klaren Lichts beziehen: die Lehre von der Unteilbarkeit der Leerheit und der mit Großer Glückseligkeit verbundenen Ursprünglichen Weisheit in der Ge-lug-Tradition, die Lehre von der Ununterscheidbarkeit von Daseinskreislauf und Nirvāṇa und des Ursprungs-Kontinuums in der Sa-kja-Tradition, die Lehre von der Untrennbarkeit des Erkennenden und des Bereiches der letztlichen Wirklichkeit in den Unterweisungen des Großen Siegels in der Ka-gjü-Tradition und die Lehre des Ursprünglich Reinen und des Spontanen Geistes im System der Großen Vollendung in der Njing-ma-Tradition.

Wie ich schon erwähnt habe, unterscheidet man das grundlegende Kontinuum, das Kontinuum des Pfades und das resultierende Kontinuum voneinander.

»Ursprungs-Kontinuum« bezieht sich auf das grundlegende Kontinuum. Denn Pfad und Ergebnis benötigen natürlich eine Grundlage, auf der sie entstehen. Aus diesem Grund werden die drei Kontinua voneinander unterschieden, und es wird das Ursprungs-Kontinuum beschrieben. Es ist die Grundlage für das Hervortreten aller Phänomene des Daseinskreislaufes und des Nirvāṇa, ihr Urheber.

Im *Eintritt in den Mittleren Weg (Madhyamakāvatāra)* sagt Candrakīrti:

> *Vom Geist selbst ist die Welt der fühlenden Wesen und die Welt, die sie umgibt, in äußerster Vielfalt geschaffen.*

Was ist der »Geist selbst«? Ein Sehbewußtsein zum Beispiel ist zwar auch Geist, aber es ist sicher nicht dieser »Geist selbst«. Der Geist, der in diesem Zitat gemeint ist, ist ein Teil des Geistigen Bewußtseins. Innerhalb des Geistigen Bewußtseins gibt es wiederum viele feinere und gröbere Bewußtseinsebenen. Gröbere Zustände Geistigen Bewußtseins sind zum Beispiel all unsere alltäglichen, wechselhaften Gedanken, wie etwa der Gedanke an einen sichtbaren Gegenstand. Die Beobachtungsobjekt-Bedingung für dieses Bewußtsein ist der Gegenstand, an den man denkt; die unmittelbar vorhergehende Bedingung ist der vorhergehende Bewußtseinsaugenblick, und die befähigende Bedingung ist das geistige Sinnesvermögen. Sind diese Bedingungen vorhanden, wird dieses Bewußtsein, der Gedanke an den bestimmten Gegenstand, neu entstehen. Ein solches, nur einmalig und flüchtig auftretendes

Bewußtsein kann sicher nicht der Urheber der fühlenden Wesen und ihrer umgebenden Welt sein. Alle Zustände des Bewußtseins, ganz gleich, ob sie mit Leidenschaften behaftet sind oder nicht, ob sie gute oder ob sie schlechte Taten hervorrufen, sind jedoch in einer Hinsicht grundsätzlich gleich: Sie entstehen immer als eine klare und erkennende Entität. All die vielfältigen Bewußtseinszustände, die mit ihren vielen verschiedenen Inhalten in Abhängigkeit der unterschiedlichsten Objekt-Bedingungen und unter dem Einfluß der verschiedensten Umstände entstehen, sind sich darin gleich, daß sie eine klare und erkennende Natur besitzen, und sie bedürfen jeweils ihrer unmittelbar vorhergehenden Bedingung, um als eine solche Entität entstehen zu können.

Sucht man die unmittelbar vorhergehenden Bedingungen verschiedener Bewußtseinsaugenblicke, so stellt man fest, daß selbst im tiefen Schlaf, wenn keine bewußten Gedanken vorhanden sind, ein grundlegendes Kontinuum von Klarheit und Erkenntnis existieren muß. Sonst gäbe es keine unmittelbar vorhergehende Bedingung dafür, daß beim Aufwachen wieder ein neues Bewußtsein entsteht. So existiert ohne Anfang ein ununterbrochenes Kontinuum von Klarheit und Erkenntnis. Es nimmt je nach den Bedingungen, auf die es trifft, die verschiedensten Ausprägungen an, so etwa die Ausprägung des Erfassens von Farben oder Formen, des Erfassens von Tönen, des Erfassens von Gerüchen und so fort; und je nach den gegebenen vorherrschenden Begleitumständen wandelt es sich in einen tugendhaften, nicht-tugendhaften oder neutralen

Geist. Alle diese Bewußtseinsweisen, die mit so unterschiedlichen Aspekten entstehen, besitzen jedoch immer die gleiche grundlegende Natur von bloßer Klarheit und Erkenntnis. Man kann verschiedene gröbere und feinere Ebenen von Klarheit und Erkenntnis unterscheiden. Doch nur die bloße Klarheit und Erkenntnis, die ohne Unterschied die Natur aller Bewußtseinsweisen bildet und nicht von den vielen anderen begrifflichen Arten des Bewußtseins beeinträchtigt ist, wird – etwa in dem System der Großen Vollendung – der fundamentale »Erkennende« genannt.

Auch in der Sa-kja-Tradition wird der natürlich anwesende, angeborene Geist des Klaren Lichts erklärt. Innerhalb der vielen Arten von Erkenntnis sind die groben Bewußtseinszustände nur vorübergehend. Sie entstehen zeitweilig in Abhängigkeit von zeitweiligen Bedingungen und sind daher nichts Dauerhaftes. Der letztliche Geist ist in seiner Natur bloße Klarheit und Erkenntnis; er verändert sich nicht durch den Einfluß äußerer Bedingungen und existiert ohne Anfang. Auf welche Umstände er auch immer treffen mag, niemals wird er zu etwas anderem als bloßer Klarheit und Erkenntnis. Diese Entität, die bloße Klarheit und Erkenntnis ist, ist der Geist des Klaren Lichts.

Sie sehen, daß es in den einzelnen Traditionen verschiedene Terminologien gibt. In der Ge-lug-Tradition wird die Schulung der Ansicht des Mittleren Weges in Verbindung mit dem Höchsten Yogatantra »Unteilbarkeit von Glückseligkeit und Leerheit« genannt. Von dieser untrennbaren Einheit von Glückseligkeit und Leerheit aus betrachtet, wird deutlich, daß die eigentlichen Gedanken der Großen Vollendung in der Njing-ma-Tradition, des Großen Siegels in der Ka-gjü-Tradition, der Betrachtung der Ununterscheidbarkeit von Daseinskreislauf und Nirvāṇa in der Sa-kja-Tradition und dieser Ansicht in der Ge-lug-Tradition die gleiche Bedeutung haben.

Wenn man auf diese Weise durch die Kraft der Meditation das Ungeborensein des Geistes erkennt, es offenbar werden läßt, dann beendet man dadurch den Tod, der das Resultat von befleckten Taten und Leidenschaften ist.

Zusammenfassend läßt sich sagen: Von den verschiedenen Bewußtseinsarten, die es gibt, ist das Geistige Bewußtsein das wichtigste. Innerhalb dieses sechsten Bewußtseins ist das allersubtilste, innerste Bewußtsein die Grundlage für alles. Solange dieses innerste, subtilste Klare Licht mit Befleckungen durch negatives Denken versehen ist, wird es »befleckt« genannt. Dann ist es das grundlegende, wesentliche Element des Daseinskreislaufes. Sobald das innerste, allerfeinste Bewußtsein, das Klare Licht, voll entwickelt ist, ist es von Befleckungen frei. Das ist Nirvāṇa, die Buddhaschaft. So sehen Sie: Für die Buddhisten ist das Bewußtsein des Klaren Lichts der Schöpfer. Buddha Śākyamuni ist von diesem Klaren Licht erschaffen worden, und auch wir selbst sind eine Schöpfung dieses Bewußtseins.

Mit der Untrennbarkeit von Klarem Licht und Leerheit ist das Bewußtsein des Klaren Licht selbst in der Natur der Leerheit gemeint. Damit sind die Erklärungen zu dem Vers beendet.

DIE ERZEUGUNG DES ERLEUCHTUNGSGEISTES

Nun werden wir das Ritual zur Erzeugung des Erleuchtungsgeistes durchführen. Erzeugen des Erleuchtungsgeistes heißt, echten Altruismus zu entwickeln. Es bedeutet, eine sehr entschlossene Geisteshaltung hervorzubringen, den anderen wirklich nützen und helfen zu wollen. Zuerst rezitieren wir, um Verdienst zu sammeln, die Sieben Glieder der Verehrung:

Ich verneige mich mit Körper, Rede und reinem Geist vor ausnahmslos all den Löwen unter den Menschen – den Vollendeten der drei Zeiten in den Welten der zehn Richtungen.

All die Sieger sehe ich deutlich vor mir, und durch die Kraft meines Strebens nach guter Lebensführung verbeuge ich mich mit größter Verehrung vor all den Siegern – mit geneigten Körpern, die so zahlreich sind wie die kleinsten Teilchen in der Welt.

Ich denke daran, daß auf jedem Teilchen Buddhas verweilen, inmitten von Bodhisattvas und so zahlreich wie die Teilchen in allen Welten. So erfüllen die Sieger alle Bereiche der Wirklichkeit.

Mit Meeren unerschöpflichen Lobes, mit den Ozeanen aller Klänge mannigfaltiger Melodien verkünde ich die vortrefflichen Eigenschaften aller Sieger und preise alle zur Glückseligkeit Gegangenen.

Ich bringe den Siegern Gaben dar mit edlen Blumen und edlen Girlanden, mit Wohlklang, duftenden Salben und herrlichen Schirmen, schönsten Lichtern und edlem Duftrauch.

Edle Kleider und erlesenen Duft, in kunstvoll verzierten Schalen dargebrachte Puder, die dem Berg Meru gleichen – alle besten Gaben in außergewöhnlich erhabener Anordnung bringe ich den Siegern dar.

So weiß ich bei all den Siegern diese unübertroffenen, ausgedehnten Gaben. Durch die Kraft des Vertrauens in die gute Lebensführung verneige ich mich und bringe allen Siegern Verehrung und Gaben dar.

Ich bekenne jede einzelne schlechte Tat, die ich mit Körper, Rede oder Geist durch die Macht von Begierde, Haß oder Unwissenheit beging.

Ich erfreue mich an allen verdienstvollen Handlungen all der siegreichen Buddhas und ihrer Söhne, der Bodhisattvas, an denen der Alleinverwirklicher, der Lernenden und der Nicht-mehr-Lernenden, und auch an denen aller Wesen. Ich schätze sie hoch und will sie nachahmen.

All die Beschützer, die das Licht in den Welten der zehn Richtungen sind, die Schritt für Schritt zur Erleuchtung erwacht sind und das Nicht-Begehren eines Buddha erreicht haben, ersuche ich, das unübertroffene Rad der Lehre zu drehen.

Mit gefalteten Händen bitte ich all jene, die die Absicht haben, ihren Eingang ins Nirvāṇa zu zeigen und die Welt zu verlassen, für so viele Zeitalter, wie es in den Welten

Teilchen gibt, hier zu verweilen, um allen im Dasein Wandernden zu helfen und ihnen Glück zu bringen.

All das wenige an Tugend, das ich durch Ehrerbietung, Darbringen, Bekennen, Erfreuen, Ersuchen und Bitten gesammelt habe, widme ich dem Erreichen der vollendeten Erleuchtung.

Die Buddhisten unter Ihnen stellen sich bitte vor: Auf der einen Seite stehen Sie als eine selbstsüchtige, egoistische Person. Auf der anderen Seite befinden sich alle fühlenden Wesen oder eine Gruppe von Menschen stellvertretend für alle anderen Wesen. Dabei stehen Sie selbst als dritte Person in der Mitte. Bedenken Sie nun: Sowohl Sie selbst als einzelne Person auf der einen Seite als auch all die anderen auf der anderen Seite sehnen sich nach Glück und möchten kein Leid, und beide haben das gleiche Recht, glücklich zu sein, und das gleiche Recht, Leid von sich abzuwenden. Der Unterschied zwischen beiden Seiten ist: Egal wie wichtig die Person auf der einen Seite sein mag – ihre Anzahl bleibt eins. Egal wie arm und weniger privilegiert die Menschen in der Gruppe auf der anderen Seite auch sein mögen – sie sind immer die Mehrheit. Rechnen Sie also nach, welche Seite wichtiger ist. Es ist eine natürliche Tatsache, daß die Sache der Mehrheit sehr viel wichtiger ist als die der Einzelperson in der Minderheit. Dies gilt vor allem vom ethischen Gesichtspunkt. Aber selbst vom Gesichtspunkt des eigenen Vorteils aus gesehen: Wenn die einzelne Person sehr selbstsüchtig ist, bedeutet das, daß sie sich geistig von den übrigen Menschen isoliert. Das menschliche Überleben ist seiner Natur nach so, daß ein einzelnes menschliches Wesen ohne die Gemeinschaft der anderen nicht überleben kann. Deshalb steht das selbstsüchtige, egoistische Denken und Handeln ganz im Gegensatz zur eigentlichen Natur der menschlichen Gesellschaft. Ob wir wollen oder nicht: Wir müssen in der Gemeinschaft der Menschen bleiben. Weil das die Realität ist, tun wir gut, wenn wir mehr Gefühl für die Belange der anderen aufbringen. So betrachtet, ist es nicht nur vom ethischen, sondern auch vom realistischen Standpunkt her weitaus besser, ein Mensch mit einem offenen, warmen Herzen zu sein, das Leid der anderen zu teilen und für ihr Wohl Sorge zu tragen. Diese Haltung wird Ihnen sehr viel mehr innere Befriedigung, sehr viel mehr inneren Frieden geben.

Lassen Sie uns nun in folgender Weise denken: »Die Vergangenheit ist vergangen. Das Wichtige ist die Zukunft. Die Zukunft hängt ganz vom Heute ab. In der Vergangenheit war ich sehr dumm, sehr selbstsüchtig; das ist bedauerlich – aber es ist vergangen. Wir können die Vergangenheit nicht ändern, sie ist schon wie im Raum verschwunden. Das Wichtige ist die Zukunft. Die Zukunft liegt in unserer eigenen Hand. Von jetzt an, von heute an, will ich ein guter Mensch sein, ein Mensch mit einem warmen Herzen; das Wohl der anderen soll mir immer an erster Stelle stehen, erst an zweiter Stelle meine eigenen Interessen. So muß und will ich es tun, ein solcher Mensch will ich sein.« Dies ist die entschlossene altruistische Geisteshaltung.

Falten Sie bitte Ihre Hände und setzen Sie sich, wenn es Ihnen bequem ist, in die Hocke, mit dem rechten Knie auf der Erde. Sprechen Sie mir dann mit starker Motivation wie im Gelöbnis dreimal nach: »Um das Wohl der anderen zu erwirken, nehme ich meine Zuflucht zum Buddha, zur Lehre und zur Höchsten Gemeinschaft, bis ich selbst den Zustand eines Buddha erlange. Möge all das Verdienst, das ich mit dem Ausüben des Gebens und der anderen Vollkommenheiten sammle, die Ursache dafür sein, daß ich die höchste und vollendete Erleuchtung erreiche, um so das Wohl der anderen zu verwirklichen.«

Da dies lediglich der Erzeugung des wünschenden Erleuchtungsgeistes dient – also des altruistischen *Wunsches,* die höchste Erleuchtung anzustreben – sind damit keinerlei Verpflichtungen verbunden. Sie haben also nach wie vor Ihre volle Freiheit.

Die wichtigste, grundlegende Regel, die mit dem Streben nach diesem Ziel verbunden ist, heißt: »Tue keinem anderen etwas zuleide!« Dies ist die Grundlage; darüber hinaus sollten Sie weiter, wenn es Ihnen möglich ist, den anderen helfen, den anderen dienen. Das ist alles.

Als Letztes: Ich bin sehr tief beeindruckt und erfreut zu sehen, daß Sie trotz der langen Stunden so geduldig zugehört haben. Wenn Sie glauben, daß etwas von dem, was ich erklärt habe, gut ist und wert, angewendet zu werden, dann wenden Sie soviel davon an, wie Sie können. Es wird Ihnen ein sinnvolles Leben geben, in dem sie mehr Befriedigung finden. Und was das wichtigste ist: Wenn Ihr letzter Tag kommt, werden

Sie sehr zufrieden sterben. Wer im Leben andere Menschen betrügt, schikaniert, ausnützt und schädigt, mag wohl im Augenblick einen gewissen Vorteil davon haben, aber auf die Dauer gesehen verliert er. Und vor allem: Wenn sein letzter Augenblick kommt, wird ihn große Reue packen. Deshalb ist das wichtigste: Seien Sie ein menschliches Wesen. Wir haben ein ausgezeichnetes menschliches Gehirn, wir haben ein gutes Herz; verbinden Sie die beiden, ein gutes, warmes Herz mit einem guten Verstand, mit guter Intelligenz. Denken Sie nach, untersuchen Sie; nehmen Sie die Dinge nicht einfach an, sondern prüfen Sie. Wenn Sie dann überzeugt sind, daß etwas richtig ist, wenden Sie es an. Denn das ist die Eigenschaft, die uns Menschen auszeichnet.

Wenn Sie mit dem, was gesagt wurde, nicht einverstanden sind, lassen Sie es einfach sein. Ich danke Ihnen sehr.

Teil II

VOM WERT DER GÜTE

Öffentlicher Vortrag am 1. November 1982
im Auditorium Maximum der Universität Hamburg

Brüder und Schwestern! Zuerst möchte ich Ihnen für Ihre herzliche Begrüßung danken und auch dafür, daß Sie mir diese Gelegenheit geben, zu einer Gruppe von Menschen zu sprechen. Dies ist der letzte öffentliche Vortrag, den ich auf meiner langen Reise halte. Ich glaube, daß meine Kehle allmählich erschöpft ist. Trotz meiner inneren Entschlossenheit gibt mir der Körper, der nach dem Glauben der Buddhisten zur dritten Kategorie des Leids gehört, das Signal: »Nun ist die Grenze erreicht!« So scheint es, daß ich etwas Ruhe nötig habe, und am frühen Morgen des 5. November werde ich zurück in Delhi sein.

Diese Reise führte mich zuerst auf russischen Boden nach Taschkent, dann nach Moskau und in die Mongolei, dann nach Budapest in Ungarn, dann nach Rom in Italien, nach Spanien und Frankreich, dann wieder nach Italien, diesmal in den Norden, und zuletzt nach Deutschland. Ich erlebte sehr unterschiedliche Klimazonen, verschiedene Sprachen, verschiedene Kulturen und verschiedene politische und wirtschaftliche Systeme – große Veränderungen; doch ich reise in all diese Gebiete mit der Einstellung, daß ich nur ein weiterer Mensch bin, ein Mensch, der in menschliche Gebiete fährt. Wo auch immer ich hingelangte, mit dieser Haltung traf ich keine Barrieren. Statt dessen fand ich den Kontakt von Mensch zu Mensch. Ich selbst finde mit dieser Einstellung immer leicht Freunde, mit denen ich sprechen und meine Gedanken und Empfindungen austauschen kann.

Je mehr Leute ich treffe, um so stärker wird meine Überzeugung, daß alle Menschen gleich sind. Jeder möchte Glück und möchte kein Leid und jeder hat das Recht, glücklich zu sein. Ich spreche hier nur als ein weiteres menschliches Wesen, nicht als Buddhist, nicht als Tibeter. Diese Besonderheiten lasse ich im Augenblick außer acht; und vergessen auch Sie in diesem Augenblick, wenigstens ein paar Minuten lang, die Unterschiede. Konzentrieren Sie sich nur auf Ihr Menschsein, fühlen Sie: »Ich bin eine weitere Schwester, ein weiterer Bruder in der Familie der Menschen.« Auf dieser Ebene können wir uns besser verstehen.

Ich glaube, die glücklichste Zeit in unserem Leben war, als wir klein waren und erlebten, wie uns unsere Eltern ihre echte, aufrichtige Liebe und Güte zeigten. Die Gefühle eines solchen Augenblicks sind, wie ich glaube, die glücklichsten Erlebnisse. Jeder von uns Menschen wächst und überlebt unter dem Schutz dieser Zuneigung und Güte der Eltern.

Dann werden wir älter. Nehmen Sie mich selbst zum Beispiel: Hier und da kommen weiße Haare am Kopf und am Bart. Sie nehmen immer mehr zu. Und auch meine beiden Weisheitszähne sind nicht mehr da. Das bedeutet: der Dalai Lama hat seine Weisheit verloren. Das sind die Zeichen des Alters. Wir alle müssen diesen Weg gehen, falls wir ein langes Leben möchten. Wenn dieser Lebensabschnitt kommt, lernen wir wieder den großen Wert der freundlichen Hilfe der anderen kennen; denn dann sind wir sehr stark auf die Güte der anderen angewiesen.

Der erste und der letzte Abschnitt unseres Lebens zeigen also, wie äußerst wichtig Güte ist. Zwischen diesen beiden Abschnitten, wenn man aufgewachsen, erzogen und ausgebildet ist, fühlt man sich unabhängiger. Darüber vergißt man leicht den Wert der Güte. Aber auch in dieser Periode ist es viel besser, wenn wir den Wert der Güte klar erkennen, und in diesem Bewußtsein auch selbst mit Güte unser Leben führen. Der Grund dafür ist folgender:

Wir möchten glücklich sein. Glück entsteht aus geistigem Frieden. Frieden im Geiste kommt von liebender Zuwendung und Güte. Je wärmer das Herz des Menschen ist, desto mehr Frieden, Ausgeglichenheit und Glück erlebt er. Je weniger gütig das Herz des Menschen ist, je mehr er aufbrausend und haßerfüllt ist, desto weniger inneren Frieden, Ruhe und Glück erfährt er. Außerdem möchte jeder gern viele Freunde. Niemand wünscht sich Feinde. Wer aber macht Freunde, wer Feinde? Der Schöpfer von Freunden ist Güte und Altruismus, die Einstellung eines warmen Herzens.

Im Gespräch mit Freunden sage ich manchmal, daß man oft mehr Freunde findet, wenn man mehr Macht und Geld besitzt. Bei genauerem Hinsehen erkennt man jedoch, daß die Freunde, die man sich auf diese Weise macht, nicht wirklich die Freunde der Person, sondern die Freunde ihres Geldes oder ihrer Macht sind. Sobald die Macht und das Geld nicht mehr da sind, werden diese Freunde leise von dannen gehen. Wer also echte Freunde wünscht, muß zuerst in sich selbst grundlegende menschliche Eigenschaften kultivieren: Das sind Ehrlichkeit, Aufrichtigkeit und die Einstellung eines warmen Herzens.

Selbst unsere kleinen Tiere wie Katzen und Hunde besitzen eine gewisse Erkenntnis von dem Wert der Güte. Wenn man ihnen Güte zeigt, kommen sie herbei. Als ich klein war, besaß ich zwei Apsos, kleine tibetische Hunde. Ich wollte ihre Zuneigung. Aber sie verhielten sich manchmal nicht sehr nett zu mir. Zuerst schlug ich sie. Das Ergebnis war: sie distanzierten sich noch mehr von mir. Wenn ich es aber anders anstellte, liebevoller und geduldiger mit ihnen war, so reagierten sie entsprechend. So habe ich also meine eigene Erfahrung, wie selbst diese kleinen Tiere den Wert der Güte zu schätzen wissen.

Der eigentliche Urheber von Feinden ist nicht irgendein äußerer Umstand, irgendeine Kraft außerhalb von uns – obwohl natürlich auch äußere Umstände einen Einfluß haben –, nein, der wesentliche Faktor, der uns Feinde schafft, ist unsere eigene Geisteshaltung, eine Einstellung, die auf Haß und Wut basiert. Solange in uns Gefühle von Haß und Wut sind, werden immer wieder neue Feinde auftreten, egal, ob wir einen oder zehn Feinde vernichten.

Die eigentlichen Schadensverursacher in der menschlichen Gemeinschaft sind Haß und Wut – sei es auf internationaler Ebene, auf nationaler Ebene oder auf der Ebene der persönlichen zwischenmenschlichen Beziehung wie etwa in der Familie.

Ein weiterer Grund für die Wichtigkeit einer liebevollen Einstellung ist folgender: Auf ökonomischem Gebiet sind die Länder dieser Welt sehr stark voneinander abhängig. In früheren Zeiten lebte oft sogar eine einzelne Familie mehr oder weniger unabhängig, etwa dadurch, daß sie ihre Nahrungsmittel selbst anbaute und auch sonst viele Güter selbst herstellte. Doch in der modernen Zeit sind nicht nur Länder, sondern ganze Kontinente sehr stark aufeinander angewiesen. Um die wirtschaftliche Situation zu verbessern, ist daher eine weltweite gemeinsame Anstrengung nötig. Womit können wir diese aufbauen? Wieder ist es die freundlich gesinnte Einstellung, die nicht nur auf das kurzfristige persönliche Interesse bedacht ist, sondern langfristig ausgerichtet ist und sich ebenso um das Wohlergehen der anderen sorgt. Mit einer solchen offenen Haltung, die sich stärker mit dem Wohl der anderen beschäftigt, können wir eine echte und gesündere gemeinsame Anstrengung aufbauen.

Es gibt große wirtschaftliche Probleme. Und doch werden weiterhin Milliarden und Abermilliarden Dollar für Rüstung ausgegeben. Auf der einen Seite versuchen alle, Krieg zu beenden, auf der anderen Seite werden gleichzeitig Milliarden um Milliarden für militärisches Gerät ausgegeben. Wir wollen diese Dinge niemals benutzen – also ist es Geldverschwendung.

Solches Verhalten entsteht sicher nicht aus Liebe und Güte. Diese Situation kommt vielmehr von Haß, Wut und übergroßem Mißtrauen.

Ein anderes Gebiet: Es besteht die echte Gefahr des Krieges. Viele Menschen bringen diese Sorge zum Ausdruck. Daher besteht die unbedingte, essentielle Notwendigkeit, jede Anstrengung zu machen, Krieg zu unterbinden. Wir sagen oft einfach, daß wir Frieden wollen und keinen Krieg. Das reicht nicht aus. Zuerst müssen wir in uns selbst Frieden schaffen. Weltfrieden kann durch Liebe und Güte erreicht werden; wenn wir aber in uns selbst voller Haß und Wut sind, können wir niemals einen dauernden, echten Frieden in der Welt schaffen.

Ich glaube, die Übung von Liebe, Mitgefühl und Güte dient nicht ausschließlich den Menschen, die eine Religion ausüben. Sie geht vielmehr das Wohlergehen der ganzen Menschheit an. Deshalb glaube ich, daß die Zeit gekommen ist, Güte und Altruismus in dieser Welt anzuwenden.

Nun denken sicher viele von ihnen: »Oh, nun redet der Dalai Lama idealistisch, nicht realistisch.« Darauf gebe ich zur Antwort: »Ja, ein bißchen idealistisch; doch ich glaube, daß die gesamte Entwicklungsgeschichte des Menschen auf Hoffnungen und Ideen gründet.« Mit Hoffnung, Entschlossenheit und dem Mut, es zu versuchen, kann etwas Unmögliches möglich werden. Wenn man aber schon von vornherein pessimistisch denkt: »Nein, es ist unmöglich, etwas zu verändern, man kann nichts erreichen«, dann kann selbst das sehr gut Mögliche zu etwas Unmöglichem werden. Ein anderer Grund ist: Mag sein, daß man das Ziel nicht erreicht; trotzdem ist nichts daran verkehrt, es mit großer Entschlossenheit zu versuchen. Denn zumindest werden wir selbst keine Reue fühlen, wenn wir alles versucht haben, was zu tun war.

Als ich klein war, lebte ich weit weg; die Leute nennen meine Heimat oft das »Dach der Welt«. Trotzdem gerieten die Nachrichten vom Zweiten Weltkrieg, von der Zerstörung und schließlich der Niederlage an mein Ohr. Schon in jungen Jahren ging mein Mitempfinden stets zum Verlierer, selbst wenn zwei Hunde gegeneinander kämpften. Ich wußte nicht viel über den Weltkrieg, über die Ursachen und Hintergründe. Ich wußte nur, daß Deutschland verloren hatte. So empfand ich als Kind ein gewisses Gefühl der Traurigkeit und des Mitleids mit dem Verlierer. So weiß ich wegen dieses Gefühls doch etwas von Deutschland. Seitdem habe ich, wenn ich ältere Deutsche treffe, eine ständige Frage: »Wo waren Sie während des Krieges?« Wenn ich daraufhin die Berichte höre, die ja persönliche Erfahrungen dieser Menschen sind, fühle ich mich zutiefst betroffen. Ich frage mich: »Was ist nun das eigentliche Resultat des Krieges?« Es ist eine Tragödie. Das stimmt mich sehr traurig.

Nach dem Essen heute habe ich Herrn Professor Dr. Fischer-Appelt die gleiche Frage gestellt. Er erklärte mir, daß er 1932 geboren wurde und im Krieg noch sehr jung war. Doch obwohl er noch ein kleiner Junge war, mußte er schon den Vater ersetzen. Weil dieser von zuhause weg war, mußte er nach seinen jüngeren Brüdern schauen. Solche Berichte hinterlassen in mir ein schweres Gefühl.

Während meines letzten Besuches in Japan besuchte ich Hiroshima. Wenn man am Ort des Geschehens selbst ist, und besonders im Museum, passiert etwas Außergewöhnliches in einem, es verursacht ein zuvor nicht gekanntes Gefühl. Der Leiter des Museums bat mich, in das Gästebuch zu schreiben. Ich schrieb:

»Feuer kann nicht von Feuer gelöscht werden. Feuer kann nur von Wasser gelöscht werden.« Das Feuer der Wut kann nicht von ebensolcher Wut gelöscht werden. Das innere Feuer des Hasses und der Wut kann nur von dem Wasser des Mitgefühls und der Liebe zum Verlöschen gebracht werden. Dies schrieb ich in das Buch. Dieses Erlebnis gab mir noch mehr innere Stärke und Überzeugung, wie wichtig Güte und Altruismus für den Frieden in der Welt sind. Wo immer ich hingehe, bringe ich diese Überzeugung zum Ausdruck. So nutze ich auch heute die Gelegenheit dazu.

Wir alle sind Mitglieder der einen großen menschlichen Familie. Wenn die Gefahr des Feuers für unsere große Familie besteht, trägt jedes Mitglied dieser Familie Verantwortung, etwas dagegen zu tun. Das ist meine Bitte und mein Wunsch. Vielen Dank.

Fragen und Antworten

Frage: Sind Sie der letzte Dalai Lama?

Antwort: Die Institution des Dalai Lama ist mit dem Buddhismus verknüpft. Ich versuche immer wieder zu verdeutlichen, daß man zwischen der religiösen Lehre selbst und den damit verbundenen Institutionen unterscheiden muß – egal, ob es sich etwa um eine klösterliche Institutionen handelt oder um eine auf eine einzelne Person bezogene Institution wie die des Dalai Lama. Für jede Religion, nicht nur für den Buddhismus, gilt, daß die grundlegende Lehre selbst mit den fundamentalen Leiden des Menschen verbunden ist:

mit Tod, Geburt, Altern und Krankheit. Solange es diese grundlegenden Leiden des Menschen gibt, hat die Lehre ihren Wert. Was aber die Seite der Organisation und der Institutionen angeht, so muß man sehen, daß sie jeweils in einer ganz bestimmten Zeit, einer bestimmten geschichtlichen Epoche entstanden sind. Folglich sind sie beeinflußt worden von den besonderen Umständen jener Epoche, von ihrem Denken und ihrem Gesellschaftssystem. Dieselben Institutionen und Organisationsformen mögen unter den veränderten Umständen einer anderen Zeit nicht mehr ihren ursprünglichen Wert besitzen. Deshalb sollen und müssen sie sich wandeln.

Dies gilt auch für die Institution des Dalai Lama: Solange sie ihren Wert hat, lohnt es sich, sie aufrechtzuerhalten. Sollte sie eines Tages unter den gegebenen Umständen wertlos sein, gibt es keinen Grund, sie aufrechtzuerhalten. Dann ist es besser, daß sie zu Ende geht. Von diesem Gesichtspunkt gebe ich oft zu verstehen, daß ich vielleicht der letzte Dalai Lama bin. Dabei sage ich im Scherz manchmal den Leuten: »Wenn ich mich selbst betrachte, bin ich nicht der beste von vierzehn Dalai Lamas. Aber ich bin ebensowenig der schlechteste. Vielleicht wäre es schön, auf dieser Ebene aufzuhören.«

Frage: Was denken Sie über junge Leute, die aus der westlichen Hemisphäre nach Indien gehen, um dort einen Guru zu finden oder zu treffen?

Antwort: Ich glaube, daß engerer Kontakt und bessere Kenntnis sehr hilfreich sind. Einige Leute äußern die

Meinung, daß Westen und Osten stets voneinander getrennt bleiben werden. Ich glaube das nicht. Deshalb ist es sehr notwendig und sehr nützlich, wenn ein engerer Kontakt besteht. Was nun die Religion angeht, so glaube ich, daß alle großen Religionen in der Welt – ungeachtet der Unterschiede in ihren Philosophien – die gleiche Botschaft bringen: Liebe, Mitgefühl, ein Gefühl dafür, daß wir Brüder und Schwestern sind. In der menschlichen Gemeinschaft gibt es sehr viele verschiedene geistige Voraussetzungen. Tibet, Thailand und Sri Lanka zum Beispiel sind im allgemeinen buddhistische Länder. Und doch gibt es in diesen Ländern Christen und Muslime. Ebenso wird es in den christlichen Ländern Menschen geben, denen mehr geholfen ist, wenn sie östlichen Philosophien und östlichen Religionen folgen. Das ist meine Meinung.

Frage: Wie können wir Mitgliedern unserer eigenen Familie helfen, die leicht wütend werden?

Antwort: Allgemein besteht die Methode, Wut zu verringern, darin, daß man sich immer wieder darin übt, die schlechten Wirkungen der Wut zu sehen. Wenn man immer wieder untersucht, welche Vor- oder Nachteile Wut hat, wächst die feste Überzeugung, daß Wut keinerlei positive Seiten, keinerlei Wert hat, jedoch vieles Nachteilige mit sich bringt. Wenn man regelmäßig über die Folgen von Wut nachdenkt, wird diese Überzeugung immer stärker. So gibt es also bestimmte Methoden. Aber was eine unmittelbare Methode wäre für eine Person, die keine Ahnung von diesen Dingen hat und keine Übung, weiß ich nicht.

Das ist schwierig zu sagen. Denn es ist schwierig, dann etwas zu tun, während die Person gerade wütend ist. Man muß nach den jeweiligen Umständen entscheiden, was man tun kann, vielleicht, indem man ein wenig mehr auf Distanz geht oder irgendwie anders versucht, den Wütenden zu beruhigen.

Frage: Glauben Sie, daß es richtig ist, für den Frieden zu kämpfen?

Antwort: Die Frage ist, was man unter »kämpfen« versteht. Wenn Kämpfen bedeutet, mit Argumenten gegen die Sache anzugehen und seine Kräfte anzustrengen, dann ist das äußerst notwendig und unsere Pflicht. Überlegte Argumentation und Ausdruck sind wichtig, manchmal, indem man schreit – jedoch mit Argumenten, nicht einfach emotional. Aber es ist wichtig, sich auszudrücken, zu rufen; denn eine einzelne, individuelle Äußerung wird oft nicht wahrgenommen. Deshalb ist es wichtig, sich zu organisieren, gemeinsame Anstrengungen zu machen und die Stimme zu erheben. Dies sollte aber nicht aus einer bloßen Mode heraus geschehen, sondern aus der Erkenntnis: »Solange wir das Ziel nicht erreicht haben, müssen wir weitermachen.«

Frage: Wie kann man, wenn man voller Haß und Ärger ist, inneres Glück und inneren Frieden erreichen?

Antwort: Weil man die innere Ruhe und Fröhlichkeit verliert, wenn Wut aufkommt, heißt es ja gerade, daß man nicht wütend werden sollte. Wenn die Wut einmal stark aufgekommen ist, ist es sehr schwierig, sie zu überwinden. Selbst wenn man es schafft, sich im Zustand der Wut viele Argumente gegen sie ins Bewußtsein zu rufen, hört die Wut nicht auf sie. Dann ist es wohl das beste, man läßt sie erst einmal wieder verrauchen. Es ist unmöglich, etwas ganz Schwarzes mit einem Mal in etwas ganz Weißes umzuwandeln. Deshalb muß man zuerst versuchen, den völlig negativen Bewußtseinszustand in einen neutralen umzuwandeln. Auf dieser Grundlage muß man sich dann die Nachteile der Wut vor Augen führen und den Geist trainieren.

Frage: Ist es Eigennutz, Liebe und Güte zu verbreiten, damit sie auf mich zurückkommen?

Antwort: Ich glaube, das ist Eigennutz, aber ein weiser Eigennutz. Ich sage immer: »Wenn Sie eigennützig sein wollen, dann seien Sie weise eigennützig.« Das bedeutet: Wer anderen Menschen hilft und ihnen Güte, Liebe und Altruismus entgegenbringt, wird letztlich selbst gewinnen, wird davon selbst glücklich sein. Nach der buddhistischen Lehre kann man auf eine Art sagen, daß ein Bodhisattva, ja selbst der Buddha, am stärksten eigennützig ist. Denn gerade durch seinen Altruismus hat er den höchsten Zustand erlangt.

Wenn man jedoch eine eigennützige Motivation hätte, während man Altruismus praktiziert, wäre das falsch. In dem Augenblick muß man hundertprozentig an den anderen denken. Hegte man dann die Erwartung des eigenen Vorteils, so könnte kein Bewußtsein von echtem Altruismus entstehen.

Haben Sie vielen Dank. Ich bin sehr glücklich, einige Augenblicke mit Ihnen verbracht zu haben. Ein neuer Kontakt mit den menschlichen Brüdern und Schwestern gibt mir Zufriedenheit. Wenn ich spreche, zeigen Sie mir eine wohlwollende, zustimmende Reaktion. Damit zeigen Sie Ihr Verständnis für das, was ich sage. Das beeindruckt mich tief. Besonders die Menschen in diesem Land haben viel gelitten. Zwei Weltkriege haben sich auf diesem Boden ereignet. Das ist genug. Wenn wieder so etwas passieren sollte, kann es noch viel stärker und fürchterlicher sein als zuvor. Ich habe gehört und bestätigt gefunden, daß in diesem Land, Deutschland, eine ziemlich starke Friedensbewegung existiert. Das ist sehr gut. Nun, eine Friedensbewegung muß mit einem Geist des Friedens vorgetragen werden. Dann wird sie gute Resultate erzielen. Das ist mein Wunsch und mein Gebet. Vielen Dank.

Teil III

RELIGION ALS WEG ZUM FRIEDEN

Betrachtungen über Grundlagen und Praxis des tibetischen Buddhismus

»Die Welt ist mein Heimatland, die Menschen sind meine Geschwister, und Gutes zu tun ist meine Religion.« Thomas Paine kam mit diesen Worten über Bedeutung und Notwendigkeit von Religion dem Buddha sehr nahe. Heutzutage neigen die Menschen zu einer eher oberflächlichen Betrachtungsweise von Religion und versuchen, andere Quellen zu erschließen, um Glück und Befriedigung zu erlangen. Die gewaltigen Errungenschaften in Wissenschaft und Technik haben der Menschheit einen beispiellosen materiellen Nutzen gebracht. Es besteht jedoch die Gefahr, daß dieser materielle Fortschritt falsche Auffassungen darüber stärkt, was wahrhaftes Glück herbeiführt. Eine genaue Untersuchung dieser Entwicklung wird zeigen, daß die Ansicht, materieller Fortschritt sei gleichzusetzen mit dem Anwachsen von Glück, nicht haltbar ist.

Materieller Fortschritt allein kann den Menschen unmöglich endgültiges und dauerhaftes Glück bringen. Er wird immer neues Verlangen nach weiterem Fortschritt entfachen. Trinkt man Salzwasser, so nimmt der Durst nur noch zu. Annehmlichkeiten, die nur aufgrund äußerer Faktoren entstehen, sind vorübergehend und bilden eine Grundlage für die Vermehrung von Begierden, die wiederum unausweichlich mehr und mehr Schwierigkeiten und Leiden erzeugen. Wirkliches Glück muß von innen kommen. Einzig die Freude und die Zufriedenheit, die der inneren Kraft des Geistes entspringen, sind wahrhaft und beständig.

Es ist eine unbestreitbare Tatsache, daß der Geist dem Körper übergeordnet ist. Religion, mit dem Sanskrit-Wort *Dharma* genannt, diszipliniert den Geist. Der Geist ist der Architekt all unseres Glücks und Leids. Der Geist ist der Meister; Körper und Rede sind seine Diener. Der Buddhismus lehrt uns, daß wir einen unerschütterlichen Frieden im Geist erlangen können, wenn wir unsere menschliche Energie dafür einsetzen und solange danach streben, bis das Ziel erreicht ist.

Die Mischung aus Glück und Leid, die das Leben jedes gewöhnlichen Wesens ausmacht, ist das Resultat seiner Gedanken, seiner körperlichen Handlungen und sprachlichen Aktivitäten in früheren Leben. Ein undisziplinierter Geist drückt seine schlechten Gedanken durch schlechte äußere Handlungen aus, welche wiederum schlechte Eindrücke im Geist hinterlassen. Letztere reifen heran, sobald äußere Stimulatoren auftreten, und lassen den Geist die Resultate der früheren Handlungen erleiden. Wenn wir Leid erfahren, so liegen also die fernen Ursachen unseres Elends in der Vergangenheit. Alle Freuden und Leiden haben einen geistigen Ursprung; und Religion ist notwendig, weil man sonst den Geist kaum beherrschen und disziplinieren kann.

Von allen Existenzformen ist die als Mensch die kostbarste. Wenn ein Wesen in menschlicher Gestalt wiedergeboren wird, so findet es sich selbst an einem Scheideweg, der in der einen Richtung zum letztlichen Ziel der höchsten Befreiung führt und in der anderen Richtung in den trügerischen Sumpf des Daseinskreislaufes *(saṃsāra)* mit seinen sich immer weiter fortsetzenden Leiden. Wir sollten daher einen weisen Gebrauch von unserer Geburt als menschliches Wesen machen, indem wir unseren Weg zur endgültigen Rettung aus dem Daseinskreislauf beschreiten, diesem Zyklus von immer neuen Geburten, der von Leiden nicht zu trennen ist. Es wäre ein großes Unglück und eine wirkliche Tragödie, wenn wir nicht von dieser kostbaren Gabe des menschlichen Lebens weisen Gebrauch machen würden. Wenn wir es mißbrauchen, so ist es, als ob wir mit leeren Händen von einer Insel voller Gold und Silber zurückkehrten.

Wenn man sein menschliches Leben richtig nutzen möchte, so muß man damit beginnen, die leidverursachenden karmischen Anlagen im Geist sowie deren Ursachen, nämlich Unwissenheit und Leidenschaften, zu zerstören. Man muß sehr angestrengt für die Verwirklichung der zweifachen Ansammlung von Verdienst und Weisheit arbeiten.

Dies beginnt man, indem man liebevolle Güte entfaltet und die ethischen Regeln beachtet. Mit Hilfe dieser Mittel wird man eine Stufe erreichen, auf der man eine Weisheit entfalten kann, die die letztliche Wahrheit zu erkennen vermag. Wendet man diese Erkenntnis mit konzentrierter Anstrengung an, so führt dies unweigerlich zu dem höchsten Gipfel der geistigen Entwicklung, der vollkommenen Erleuchtung *(samyaksaṃbodhi)*, die wir Buddhisten zu erreichen wünschen.

In einem Gleichnis ausgedrückt entspräche die liebende Güte dem Blumensamen, das Befolgen der ethischen Gesetzmäßigkeiten dem Feld und die Entfaltung der Weisheit, die die letztliche Bestehensweise der

Phänomene erkennt, dem Wachsen der eigentlichen Blume. Das Samenkorn ermöglicht zusammen mit der Erde des Feldes die Reifung der höchst-vollkommenen, alles umfassenden Weisheit und läßt den wunderbaren Gleichmut entstehen, der aus dem höchsten und unaussprechlichen Frieden der Buddhaschaft erwächst.

Das Erreichen dieses höchsten Gutes der Erleuchtung bringt nicht nur wirkliches und dauerhaftes Glück für einen selbst. Es bringt auch, da man die höchsten Qualitäten von Weisheit, Barmherzigkeit und spiritueller Kraft erworben hat, den Besitz von umfangreichen Fähigkeiten, mit denen man jeder Art von Lebewesen zu helfen vermag. Das vorrangige Motiv für die Erlangung der Buddhaschaft läßt sich folgendermaßen ausdrücken: »Um alle Lebewesen aus diesem Ozean der Qualen des Daseinskreislaufes zu befreien und sie in den Zustand der letztlichen Glückseligkeit der Befreiung zu versetzen, muß ich den höchsten und unvergleichlichen Zustand der allwissenden Buddhaschaft erlangen.« Diese Haltung ist der Erleuchtungsgeist *(bodhicitta)* .

Das gemeinsame Ziel: Altruismus

Alle Religionen haben prinzipiell das gleiche edle Ziel; denn sie alle lehren ethische Grundsätze, welche die Handlungsweise von Geist, Körper und Rede formen. Sie lehren uns, nicht zu lügen, nicht falsch Zeugnis zu geben, nicht zu stehlen, anderen nicht das Leben zu nehmen und vieles mehr. Die Vielzahl der Religionen, welche alle der Menschheit Glück bringen können, ist vergleichbar mit den verschiedenen Behandlungsmethoden einer speziellen Krankheit. Denn im weitesten Sinne haben alle Religionen das Ziel, den Lebewesen darin zu helfen, Leiden abzuwenden und Glück herbeizuführen. Obwohl sich logische Gründe für die Bevorzugung einer individuellen Interpretation der religiösen Wahrheit finden lassen, gibt es doch viel mehr vom Herzen kommende Gründe, die für Einigkeit sprechen. In der gegenwärtigen Weltlage ist die Notwendigkeit, ein großes Maß an Einigkeit unter den Anhängern der verschiedenen Religionen zu entwickeln, besonders wichtig geworden. Zudem ist eine solche Einigkeit kein unmögliches Ziel.

Das altruistische Streben nach Erleuchtung, der Erleuchtungsgeist, ist das zentrale Thema des Mahāyāna-Buddhismus in Tibet. Wir Tibeter glauben, daß das Verständnis des Erleuchtungsgeistes viel zu einer grundlegenden Einigkeit und zu einem Geist der Zusammenarbeit unter den Anhängern der verschiedenen Glaubensrichtungen beitragen wird. Wir glauben, daß das Streben an sich große Resultate hervorbringen wird.

Der Buddha erlangte das Ziel des Erleuchtungsstrebens, nachdem er unzählige Opfer auf sich genommen hatte und sich mit großer Kraft und Anstrengung einzig dem Wirken zum Wohl der anderen und der Entwicklung von Weisheit widmete. Über drei Perioden unzähliger Zeitalter hinweg übte er sich in den Handlungen eines Bodhisattva, wobei er vielen Schwierigkeiten ausgesetzt war und ohne Zaudern große Opfer brachte. Auf diese Weise vervollständigte er schrittweise die zwei Ansammlungen von Verdienst und Weisheit. Schließlich erlangte er in Bodhgayā die höchste Erleuchtung, die Buddhaschaft.

Indem er das Leiden überwand, das dem Anhaften an die Extreme des Weltlichen und des Überweltlichen entspringt, erreichte er den vollkommenen Gleichmut, der aus dem höchsten, unaussprechlichen Frieden, dem Nirvāṇa, resultiert. In diesem Zustand hat er sich von jeglichen Fehlern befreit; sein Verstand überwand alle Illusionen und die feinsten Formen der Unwissenheit. Danach fuhr er fort, die verschiedenen Aspekte der Heiligen Lehre darzulegen. In Übereinstimmung mit dem System der Vier Wahrheiten der Heiligen und der Gesetzmäßigkeit des Abhängigen Entstehens setzte er die »Drei Räder der Lehre« in Bewegung. Und all dies tat er, um die Zwei Wahrheiten, die konventionelle und die letztliche Wahrheit, zu enthüllen.

Der Gedanke, der diesem unermeßlichen Erleuchtungsgeist zugrunde liegt, kann folgendermaßen formuliert werden: »Ich muß den höchsten Zustand der allwissenden Buddhaschaft erlangen, um alle fühlenden Wesen aus diesem Ozean des Leidens, dem Daseinskreislauf, zu befreien und um sie in den Zustand der höchsten Glückseligkeit, das Nirvāṇa, zu versetzen.«

Dieser Gedanke bringt den intensiven Wunsch hervor, die ganze Energie den tiefgründigen und ausgedehnten Übungen der einzelnen Stufen des Mahāyāna-Pfades zu widmen. Diese Haltung ist die Wurzel der Übung, die darauf abzielt, die Schulungen eines Bodhisattva zu vollenden. Diese Schulungen umfassen die sechs Vollkommenheiten: nämlich Freigebigkeit, ethisches Verhalten, Geduld, Tatkraft, meditative Sammlung und Weisheit. Die Ansammlung von Verdienst bildet den Methodeaspekt des Pfades; man erlangt sie, indem man die ersten drei Vollkommenheiten – Freigebigkeit, ethisches Verhalten und Geduld – übt. Den zwei letzten Vollkommenheiten – meditative Sammlung und Weisheit – entspringt die Ansammlung der höchsten Weisheit: dies ist der Weisheitsaspekt des Pfades. Die vierte Vollkommenheit, die Tatkraft, fördert beide Formen der Ansammlung.

Der Schlüssel zur Ausübung des Mahāyāna-Buddhismus in Tibet liegt auf jeder Stufe des Pfades in der Verbindung zweier Elemente, nämlich von Verdienst und Weisheit, von Methode und Weisheit, von Tantra und Sūtra, von Konventionellem und Letztlichem. Dabei muß man sorgsam auf die ethischen Verhaltensweisen achten, die allen Anweisungen des Buddha innewohnen.

Aus der Sicht des Erleuchtungsgeistes ist es das Ziel, ein unvoreingenommenes Mitgefühl gegenüber allen Lebewesen zu bewahren, ohne daß man zwischen Rassen, Nationalitäten, Klassen oder den oberflächlichen Einstufungen in Freund und Feind unterscheidet. Vielleicht werden die großen Nationen unserer Welt mit der Zeit von diesem Denken inspiriert und hören auf, im vergeblichen Streben nach Macht alles zu manipulieren, sei es profan oder religiös. Vielleicht werden sie statt dessen versuchen, eine friedvolle Welt zu schaffen, indem sie ihr Denken in Einklang mit den Gesetzmäßigkeiten bringen, die im Dharma – diesem unerschöpflichen Allheilmittel – erklärt werden.

Der gemeinsame Feind: Selbstsucht

Was genau meinen wir, wenn wir von Religion als einem Begriff sprechen, der all unseren Lehrsystemen gemeinsam ist? Im Sanskrit ist *Dharma* das Wort für Religion. Dharma bedeutet eigentlich »das, was trägt oder hält«. Alles Existierende ist ein Dharma, ein Phänomen, und zwar in dem Sinne, daß es seine eigene Entität, seine ihm eigene charakteristische Wesenheit, »trägt«. Religion ist ebenso ein Dharma, aber in dem Sinne, daß es die Wesen von Leiden fern-»hält« oder davor schützt. Dharma als Religion bezieht sich auf die letztere Definition. Ganz allgemein gesprochen wird jede erhabene körperliche, sprachliche oder geistige Handlung als Dharma verstanden. Denn durch eine solche Tat wird man vor Leiden behütet, davon ferngehalten. Die Ausübung solcher Handlungen ist das Ausüben von Dharma oder Religion.

Wenn wir uns auf die lateinische Wurzel des Wortes »Religion« beziehen, so kann dessen Ursprung auf die Vorsilbe *re-* (»zurück-«, »wieder-«) und das Verb *ligare* (»verbinden«, »vereinigen«) zurückführen. So kann »wieder-verbinden« als die ursprüngliche Bedeutung dieses Wortes angesehen werden. Wie kann nun diese Vorstellung von »anbinden« oder »wieder-verbinden« als eine allgemeine Bezeichnung auf all unsere vielfältigen religiösen Lehren angewendet werden?

Der gemeinsame Feind aller religiösen Disziplinen, das Ziel aller ethischen Verhaltensregeln, die von den großen Lehrern der Menschheit dargelegt wurden, ist die selbstsüchtige Geisteshaltung. Denn diese ist es, die Unwissenheit, Haß und Begierde – diese Wurzeln aller Schwierigkeiten und Leiden in der Welt – entstehen läßt. Die großen Lehrer wollten ihre Schüler vom Weg der verwerflichen und von Unwissenheit verursachten Taten abbringen, um sie auf den Pfad der Rechtschaffenheit zu führen. Sie alle stimmten deshalb darin überein, daß die Bindung und Beherrschung des undisziplinierten Geistes, der diese selbstsüchtige Haltung in sich birgt, von vorrangiger Bedeutung ist. Denn in ihrer großen Weisheit erkannten sie die egozentrische Haltung als den Ursprung allen Übels.

So können wir in diesem einen Wort »Religion«, das alle unsere spirituellen Lehren miteinschließt, den Schlüssel und die Grundlage für Harmonie und Einigkeit finden. Oberflächliche Abweichungen in den verschiedenen Lehrsystemen und Namensgebungen können wir ohne Schwierigkeit auf Unterschiede zurückführen, die bei der Entstehung der einzelnen Religionen bezüglich Zeit, Ort, Kultur, Sprache und anderen Faktoren bestanden. Betrachten wir direkt die tatsächliche Übung eines jeden Gläubigen, werden wir mit Gewißheit erkennen, daß wir alle demselben höchsten Ziel entgegenstreben. Um den großen geistigen Lehrer, den Heiligen und Gelehrten Dsche Tsong-ka-pa zu zitieren:

Versteht man alle Lehren, so findet man, daß sie ohne Widerspruch sind. Man sieht, daß all die verschiedenen Belehrungen als Anleitung zur eigentlichen Praxis gedacht sind. Die Absicht des Buddha wird leicht erkannt. Und das große Übel des »Aufgebens der Lehre« wird auf natürliche Weise vermieden.

Hier wird der Vorzug des Pfades, »der in einem Viereck getragen wird« (tib.: *gru bzhi lam 'khyer),* beschrieben; [des Pfades, der alle Lehren des Buddha so integriert, daß sie von *einer* Person in der Übung angewendet werden. Diese ganzheitliche Vorgehensweise wird in Tibet damit verglichen, daß man ein Tuch, auf dem geriebener Käse in der Sonne getrocknet wird, *an allen vier Ecken* halten muß, wenn man es von einem sonnigen Platz zum anderen trägt und nichts verloren gehen soll.] Der Geist der Nicht-Widersprüchlichkeit, der sich in diesem Pfad ausdrückt, liefert den Schlüssel zu einer philosophisch sehr toleranten Haltung bezüglich Sinn und Geist der Religionen; denn indem man eine wache Bewußtheit für den Sinn, der sich im eigentlichen Gehalt aller Lehren ausdrückt, beibehält, kann man den zerstörerischen Fehler vermeiden, in sektiererisches und parteiliches Denken zu verfallen. Nur so können wir der schwerwiegenden Verfehlung entgehen, irgendeine religiöse Lehre zu verwerfen. Es bereitet mir eine große Freude, diese Worte hier zu zitieren, die vor langer Zeit in unserem Schneeland Tibet gesprochen wurden; denn ich bin sicher, sie werden sehr dazu beitragen, einen Geist der Zusammenarbeit und der Einigkeit zu fördern, der in dieser schwierigen Zeit, da überall in der Welt Kämpfe und Parteilichkeiten zu finden sind, lebenswichtig ist für die Bewahrung des spirituellen Lichts und die Stärkung der Ethik.

Um eine Analogie zu verwenden: Ein geschickter Arzt hilft jedem seiner Patienten auf individuelle Weise, indem er ihm genau die Medizin verabreicht, die zur Heilung seiner speziellen Krankheit erforderlich ist. Darüberhinaus werden auch die bei der Behandlung angewandten Methoden und Materialien entsprechend den verschiedenen zeitlich und örtlich bedingten Umständen voneinander abweichen. Alle diese beträchtlich voneinander differierenden Medikamente und Heilungsverfahren haben jedoch das gemeinsame Ziel, den leidenden Patienten von seiner Krankheit zu befreien. In der gleichen Weise stimmen alle religiösen Lehren und Methoden darin überein, daß sie darauf abzielen, einerseits die Lebewesen von den Leiden und deren Ursachen zu befreien, andererseits Glück und die Ursachen für Glück zu schaffen. Ein sehr berühmter Vers aus dem alten Indien lautet:

Nicht die geringste schlechte Tat begehen,
Jede Tugend verwirklichen,
Seinen eigenen Geist gut zu beherrschen –
Dies ist die Lehre des Buddha.

Die Menschen in meinem Heimatland, dem Land der Schneeberge, lebten bis vor kurzem in fast völliger Isolation von ihren andersgläubigen Brüdern und Schwestern in den anderen Teilen der Welt. Obwohl in vergangenen Zeiten der Buddhismus und die buddhistische Kultur von den berühmten Pandits der klassischen Periode Indiens und von den großen tibetischen Gelehrten und Übersetzern, die unter ihnen studierten, hauptsächlich von Indien nach Tibet gebracht wurden und obwohl im allgemeinen ein enger Kontakt zwischen beiden Ländern bestanden hatte, waren wir Tibeter bedauerlicherweise in der jüngeren

Geschichte von den Entwicklungen der modernen Welt abgeschnitten. Jetzt, da wir Tibeter – wie allgemein bekannt ist – die große nationale Katastrophe des Völkermords erleiden mußten, können wir nicht länger daran glauben, daß in der modernen Zeit Abgeschlossenheit ein praktikabler Weg ist.

Die heutige Welt wird zusehends materialistischer. Die Menschheit nähert sich, getrieben von dem unersättlichen Verlangen nach Macht und ausgedehntem Besitz, dem Zenith äußerer Entwicklungsmöglichkeiten. In diesem vergeblichen Streben nach äußerer Vervollkommnung der Welt mit ihren relativen Werten entfernt man sich jedoch immer weiter von innerem Frieden und geistigem Glück. Wir alle können dies bezeugen. Denn wir alle werden in dieser furchtbaren Zeit der Massenvernichtungswaffen von unaufhörlichen Ängsten geplagt. Es wird immer dringlicher, daß wir das geistige und spirituelle Leben als die eigentliche stabile Grundlage für das Erlangen von wahrhaftem Glück und Frieden anerkennen.

Deshalb bete ich dafür, daß das kostbare Licht der Spiritualität für lange Zeit in dieser Welt weiterbestehen und die dunklen Schatten einer nur materialistischen Weltsicht aufhellen möge. Wir alle müssen den Willen stärken, große Anstrengungen auf uns zu nehmen, daß dieses Licht fest in unserem Herzen bewahrt wird und sich von dort in der Welt verbreiten kann. Nur so können die Herzen aller für seine heilende Kraft geöffnet werden. Wenn wir einen solchen Entschluß fassen, entgehen wir dem Weg der weltlichen Macht, da die heilende Kraft des Geistes auf natürliche Weise dem Weg des Geistigen nachfolgt. Diese heilende Kraft steckt nicht in den Steinen schöner Gebäude, nicht im Gold von Statuen, nicht in der Seide, aus der schöne Kleider geschneidert werden, und auch nicht in dem Papier der Heiligen Schriften, sondern sie ist in der unaussprechlichen Essenz des Geistes und der Herzensgüte der Menschen zu finden.

Wir sind frei in der Entscheidung, den Pfaden zu folgen, die die großen Lehrer uns zeigten, damit wir unser Denken und die Gefühle unseres Herzens reinigen und verfeinern können. Durch ernsthafte Übung im täglichen Leben wird man das gemeinsame Ziel aller Religionen erfüllen, ganz gleich, welcher Konfession man angehört. Und wenn der innere Glanz, der durch die spirituelle Übung erzeugt wurde, die Welt erhellt – wie es zu manchen Zeiten in der Vergangenheit geschehen ist – können die großen Nationen der Welt vom Erleuchtungsgeist mit seiner Liebe und Barmherzigkeit inspiriert werden. Vielleicht verringert sich dadurch ihre Besessenheit von dem vergeblichen Streben nach immer mehr Macht. Vielleicht werden sie ihre Zuflucht in den ethischen Grundsätzen der Religion suchen, diesem universellen Heilmittel, der unerschöpflichen Quelle geistiger Inspiration und Wandlung.

Geistesschulung – wozu?

Die Fähigkeit zum vernünftigen Denken unterscheidet den Menschen von den Tieren und anderen Lebewesen. Der Mensch ist fähig, viele Dinge zu untersuchen und zu verstehen, zu denen die Tiere keinen Zugang haben. Da der Mensch Dinge erkennen kann, die jenseits der direkten Wahrnehmung seiner physischen Sinne liegen, betet oder rezitiert er hingebungsvoll auf die eine oder andere Art und Weise – als Buddhist, Hindu, Christ oder Anhänger einer anderen Konfession. Es stellt sich die Frage, ob diese Gebete und Rezitationen reines Brauchtum sind. Handelt es sich dabei um Rituale, die unser tägliches Leben nur verschönern sollen? Die Antwort ist sicherlich nein; denn die Disziplinierung und Beherrschung des Geistes ist oder sollte der vornehmliche Zweck aller Gebete und religiösen Rezitationen sein.

Obwohl es viele verschiedene Methoden zur Disziplinierung des Geistes gibt, ist es doch von immenser Bedeutung, vor allem an das Wohl der anderen zu denken. Wohlmeinende Gedanken für andere bringen nicht nur ihnen, sondern auch uns selbst Glück. Denken wir hingegen nur an unser eigenes Wohl, an unsere eigenen Annehmlichkeiten, so kann daraus nichts anderes als Leid entstehen. Daher sagt der große indische Gelehrte und Heilige Śāntideva: »Alles Leid in dieser Welt entsteht aufgrund des egoistischen Verlangens nach eigenem Glück und Wohlergehen. Jedes Glück aber ist das Resultat des selbstlosen Strebens nach dem Wohlergehen und Glück der anderen.«

Glück, sei es nun vorübergehend oder letztlich, ist ein direktes oder indirektes Resultat des aufrichtigen Strebens nach dem Wohl der anderen. Die hauptsächliche Ursache für Leid ist das egoistische Verlangen nach eigenem Glück und Wohlergehen. Für unsere von Streit geplagte Welt hat dies volle Gültigkeit, ganz gleich, ob die besagten Leiden in großem Ausmaß auftreten, zum Beispiel durch Unstimmigkeiten zwischen zwei Nationen oder durch eine verwerfliche Handlung, die den Verlust vieler Leben herbeiführt, oder ob es sich um Leiden von geringerem Umfang handelt wie beispielweise das Gezänk unter Tieren. In all diesen Fällen ist Egoismus die eigentliche Ursache. Ist die Zusammenarbeit zwischen Nachbarn und Nationen von wohlwollenden Gedanken füreinander motiviert, haben diese Motive höchsten Wert. Es ist angebracht, dem selbstlosen Streben für das Wohl und das Glück der anderen ein größeres Gewicht zu verleihen als dem egoistischen Streben nach eigener Seligkeit und eigenem Glück. Allgemein gesagt fühlen sich alle Wesen – da sie ein Bewußtsein besitzen – unwohl, wenn sie mit etwas Unangenehmen zusammentreffen, das sie nicht ertragen können, ganz gleich, wie schwach dieses Unangenehme auch sein mag.

Hat man einmal erkannt, daß auch die anderen leiden, wenn sie auf Dinge stoßen, die ihnen Unbehagen bereiten, dann sollte man jede mögliche Anstrengung machen, um zu verhindern, daß man ihnen auf irgendeine Weise Leiden oder Schmerz zufügt. Dieser Grundsatz kann Fundament sein für Frieden und für die Anwendung der Mittel, die einen Weltfrieden zustandebringen und festigen, wie etwa die Abrüstung. Wenn alle Gedanken, die Leiden hervorrufen können, wie etwa die Absicht, auf die Mittel des Krieges zu vertrauen, aus dem Geist verbannt werden, so werden auch Rede und Tat, die beide dem Denken entspringen, von schlechten Absichten frei. Außerdem hängt der Erfolg der Abrüstungsbemühungen und anderer Friedensbewegungen von der Entschlossenheit ab, den Frieden tatsächlich zu erwirken. Diese Entschlossenheit aber ist zunächst ein geistiger Prozeß, der dann in sprachliche und körperliche Handlungen umgesetzt wird. Wenn indes Rede und Tat nicht von einer festen Intention des Geistes getragen werden, kann man mit ihnen nichts erreichen, so sehr man sich auch bemüht.

Grundsätzlich gilt, daß die Unfähigkeit zur Disziplinierung und Beherrschung des Geistes die Grundlage aller Schwierigkeiten und Probleme in der Welt ist. Deshalb, ganz gleich, ob wir an Wiedergeburt glauben oder nicht: Hegen wir in unserem Leben wohlwollende Gedanken gegenüber allen Wesen – angefangen bei den Menschen bis hin zu den kleinsten Insekten –, so wird diese Welt unausweichlich zu einem Ort, wo wir ein glücklicheres Leben führen können. Glück für uns und andere wird erreicht, indem wir uns hauptsächlich auf das Wohl der anderen konzentrieren.

Die Welt braucht heute liebevolle Zuneigung und Mitgefühl. Es ist von größter Bedeutung, daß wir freundliche Gedanken für andere bis zu einem Punkt kultivieren, wo diese gütige Denkweise zu einer fest verwurzelten Gewohnheit des Geistes geworden ist.

Der Wunsch nach Frieden

Was immer unsere Einstellung gegenüber dem Leben sein mag, ob sie nun pragmatisch oder anders ausgerichtet ist: eine grundsätzliche Tatsache, die uns direkt und eindeutig gegenübertritt, ist der Wunsch nach Frieden, Sicherheit und Glück. Alle Wesen streben danach. Der stummen Kreatur ist das Leben genauso lieb wie dem Menschen. Selbst das niederste Insekt strebt nach Schutz vor Gefahren, die sein Leben bedrohen. Wie jeder von uns sich Glück wünscht und Leid fürchtet, wie jeder von uns zu leben und nicht zu sterben wünscht, genau so ist die tiefste Sehnsucht aller anderen Kreaturen.

Die Fähigkeit zum vernünftigen Denken und das Vermögen, sich sprachlich auszudrücken, erheben den Menschen über seine stummen Freunde. Auf der Suche nach Ruhe, Annehmlichkeit und Geborgenheit aber wendet der Mensch allzu häufig ungeeignete oder gar brutale und abstoßende Mittel an. Wenn man aus egoistischen Motiven unmenschliche Grausamkeiten begeht, Mitmenschen oder Tiere foltert, so sind solche Verhaltensweisen im Hinblick auf die Stellung und Entfaltungsmöglichkeit des Menschen völlig unangemessen. Leider sind diese Handlungsweisen beinahe an der Tagesordnung. Solche unweisen Taten bringen einem selbst und den anderen nur Leiden. Für uns, die wir als menschliche Wesen geboren wurden, ist es lebenswichtig, Wohlwollen zu üben und verdienstvolle Handlungen für unseren eigenen Nutzen und den der anderen in diesem und in zukünftigen Leben auszuüben. Als Mensch geboren zu sein, ist ein seltenes Geschick, und wir sollten diese kostbare Gelegenheit so weise, geschickt und heilsam wie möglich nutzen.

Der Buddhismus mit seiner Betonung von universaler Liebe und Mitgefühl ist von Vorstellungen und

Idealen durchdrungen, die völlig gewaltlos und friedlich sind. Der Buddhismus bietet zugleich einzigartige und ewig gültige Mittel zur Erreichung von Frieden und Sicherheit, aus denen sowohl Menschen als auch Tiere einen allgemeinen Nutzen ziehen können. Es ist richtig zu sagen, daß liebende Güte und Mitgefühl die beiden Eckpfeiler sind, auf denen das gesamte Gebäude des Buddhismus ruht. Zerstörung oder Verletzung von Leben ist streng untersagt. Das Schädigen oder Töten irgendeines Wesens – von den höchst entwikkelten bis zu den geringsten, von einem Menschen bis zum kleinsten Insekt – muß mit allen Mitteln vermieden werden. Der Buddha sagt: »Schädige niemanden! Genauso wie du Zuneigung empfindest, wenn du einen von Herzen geliebten Menschen siehst, so solltest du liebende Güte auf alle Kreaturen ausdehnen.« Diejenigen, die dem Mahāyāna-Pfad folgen, werden nicht nur dazu angehalten, ein schädigendes Verhalten zu vermeiden, sondern auch einen starken Sinn für Mitgefühl zu entfalten. Dies birgt ein großes Verlangen in sich, alle fühlenden Wesen aus ihren Qualen und Leiden zu retten.

Die Entfaltung von Großem Erbarmen *(mahākaruṇā)* im Geist wird den Boden für die vollständige Reifung des kostbaren Erleuchtungsgeistes bereiten, eine unabdingbare Voraussetzung für das Erlangen des höchsten Zustandes eines Bodhisattva. Jemand wird ein Bodhisattva genannt, wenn er seinen Geist mit reinem Mitgefühl und Gleichmut, die beide dem altruistischen Streben nach Erleuchtung entstammen, angefüllt hat.

Was immer wir in unserem täglichen Leben vollbringen, ist Resultat der Funktionsweise unserer verschiedenen Bewußtseinsformen. In gleicher Weise ist auch das Erlangen eines letztlichen Friedens und das Erlangen der Buddhaschaft ein Resultat von Mitgefühl und Erleuchtungsgeist. Der Buddha sagte: »Der Erleuchtungsgeist ist der Same für alle guten Eigenschaften.« Ācārya Nāgārjuna sagt: »Wenn du den höchsten Zustand eines Bodhisattva erlangen möchtest, so mußt du die Tugend des Erleuchtungsgeistes entwickeln, bis er felsenfest wie ein Berg ist.« Ein anderer buddhistischer Gelehrter, Ācārya Candrakīrti, sagt: »Zu Beginn ist das Große Erbarmen wie das Samenkorn, in der Mitte ist es wie Wasser und Dünger, und am Ende ist es wie die reife Frucht«. All diese Worte betonen die unübertroffene Wirksamkeit des altruistischen Erleuchtungsstrebens. Die Absicht, anderen Gutes zu tun, das andauernde, von Herzen kommende Denken an das Wohl der anderen, wird auf natürliche Weise Glück unter den uns umgebenden Menschen verbreiten. Schlechtes mit Gutem zu erwidern, Verletzung mit Wohlwollen, Haß mit Liebe zu vergelten und Schädigung mit Mitgefühl, das sind einige der charakteristischen Merkmale des selbstlosen Strebens nach der höchsten Erleuchtung. Wohltätige und von liebevoller Güte getragene Handlungen, die man ungeachtet schlechter Absichten anderer vollbringt, werden die Herzen aller erfreuen; Groll und Rache hingegen werden einzig die eigenen Leiden und die der anderen vermehren – sowohl in diesem und als auch in zukünftigen Leben.

Es gibt unterschiedliche Methoden, die man zur Entwicklung des Erleuchtungsgeistes anwenden mag. Eine grundsätzliche Überlegung jedoch ist, daß der Zyklus der Geburten eines jeden Wesens im Daseinskreislauf ohne Anfang ist und daß wir einander in früheren Leben unzählige Male Mütter gewesen sind. Die Empfindungen der Mutter für ihr Kind sind ein klassisches Beispiel für liebevolle Güte. Eine Mutter ist bereit, für die Sicherheit, den Schutz und das Wohlergehen ihres Kindes ihr eigenes Leben hinzugeben. Die Kinder sollten dies erkennen, ihrer Mutter dankbar sein und ihre Dankbarkeit durch fürsorgliche Handlungen der Mutter gegenüber zum Ausdruck bringen. In der gleichen Weise strebt ein Mensch, der vom Erleuchtungsgeist motiviert ist, mit aller Kraft nach dem Wohl aller anderen Wesen. Er wird sie wie seine eigene Mutter behandeln. In Erwiderung mütterlicher Güte wird er ständig bestrebt sein, nur Gutes zu tun.

Die Entwicklung des erhabenen Wunsches, die Buddhaschaft zu erlangen, das Üben von Freigebigkeit, ethischem Verhalten, Nachsicht, Güte und anderen Tugenden gereichen alle zum Wohle der Lebewesen. Zu deren Nutzen sollten diese veredelnden und erhabenen Eigenschaften erstrebt werden.

Die Wesen, die diese Erde bewohnen – Mensch oder Tier –, tragen alle, jedes in seiner besonderen Weise, zur Schönheit und zum Reichtum dieser Welt bei. Viele Kreaturen haben einzeln oder vereint große Mühen durchgemacht, denen wir die angenehmen Dinge unseres Lebens verdanken. Die Nahrung, die wir zu uns nehmen, die Kleidung, die wir tragen, sind nicht einfach vom Himmel gefallen. Viele Lebewesen haben zu ihrer Entstehung beigetragen. Deshalb sollten wir all unseren Mitgeschöpfen dankbar sein. Mitgefühl und liebevolle Zuneigung sind der Garant für Fortschritt und Glück. Lassen Sie uns deshalb zum Wohle aller Liebe und Mitgefühl üben.

Die zweifache Wahrheit

Seit über tausend Jahren blüht der Buddhismus in Tibet. Während dieser Jahrhunderte wurde er sorgfältig behütet und ist zur Grundlage unserer Kultur geworden. Obwohl sich unsere Kultur aus vielen wertvollen Quellen anderer benachbarter Länder speiste, waren wir doch im ganzen gesehen sehr eigenständig.

In Tibet praktizieren wir den Buddhismus in seiner Vollständigkeit. In ihrer Kleidung und Lebensführung üben sich die Mönche und Nonnen nach den Regeln der Vinaya-Sūtras; in der Geistesschulung folgen wir der Mahāyāna-Philosophie, und darüberhinaus wenden wir den tantrischen Buddhismus an. Dies ist der Grund, warum ich den Begriff »in seiner Vollständigkeit« verwendet habe. Heutzutage jedoch gehen wir Tibeter durch eine Periode unvorstellbarer Schwierigkeiten und Leiden.

Die heutige Welt ist in einem solchen Maße in Konflikte und Leiden gestürzt, daß sich jeder nach Frieden und Glück sehnt. Das Verlangen nach Glück hat jedoch viele dahin geführt, daß sie sich von dem Streben nach vorübergehenden Annehmlichkeiten haben hinreißen lassen. Es gibt allerdings auch verständige

Menschen, die nicht durch das gewöhnlich Sichtbare und Erfahrbare befriedigt sind, sondern nach wahrem Glück suchen und sich darüber tiefe Gedanken machen. Ich glaube, daß sich diese Suche weiter fortsetzen wird. Selbst wenn wir einen immer größeren materiellen Fortschritt erzielen, der uns befähigt, die täglichen Bedürfnisse immer umfassender zu befriedigen, so wird die Menschheit doch fortfahren, nach der Wahrheit zu forschen. Sie wird nicht vom materiellen Fortschritt allein befriedigt sein. In der Tat bin ich davon überzeugt, daß die Suche nach der Wahrheit noch intensiver werden wird.

In den vergangenen Jahrhunderten gab es viele gelehrte Meister, die viele verschiedene Wege zur Erkenntnis der Wahrheit aufgezeigt haben. Der Buddha war einer unter ihnen, und mein Studium des Buddhismus ließ mich zu der Überzeugung kommen, daß trotz der Verschiedenheit der Namen und Ausdrucksformen, die in den unterschiedlichen Religionen benutzt werden, die letztliche Wahrheit, auf die sie alle hindeuten, dieselbe ist.

Im Buddhismus unterscheiden wir zwischen konventioneller und letztlicher Wahrheit. Von dem Gesichtspunkt der letztlichen Wahrheit aus betrachtet, ist all das, was wir in unserem täglichen Leben empfinden und erfahren, von Illusionen geprägt. Unter den verschiedenen Illusionen ist die Unterscheidung zwischen uns selbst und anderen als etwas inhärent Verschiedenes die schlimmste Form, da sie einzig Schwierigkeiten und Unannehmlichkeiten für beide Seiten bringt. Wenn wir hingegen die letztliche Wahrheit erkennen und uns an diese Sichtweise durch Meditation gewöhnen können, wird dies die Fehler unseres Geistes bereinigen und damit auch die Unterscheidung zwischen einem inhärenten Ich und Du beseitigen. Dies wird dazu beitragen, daß eine wahre Liebe unter den Menschen entsteht. Die Suche nach letztlicher Wahrheit ist daher von essentieller Bedeutung.

Wenn uns bei der Suche nach der letztlichen Wahrheit diese nicht klar erscheint, so sind wir es, die sie nicht gefunden haben. Denn die letztliche Wahrheit existiert. Wenn wir tief nachdenken und sorgsam untersuchen, werden wir erkennen, daß unsere eigene Existenzweise in der letztlichen Wahrheit wurzelt. Zum Beispiel spreche ich zu Ihnen, und Sie hören mir zu. Gewöhnlich haben wir den Eindruck, als seien dort ein inhärenter Sprecher, eine inhärente Zuhörerschaft und inhärente, unabhängige Worte, die gesprochen werden. Wenn wir in letztlicher Hinsicht nach mir selbst, dem Redner, und nach Ihnen, den Zuhörern, suchen, so werden wir nichts finden. Weder der Vortragende noch die Zuhörer, noch die Worte oder Klänge können gefunden werden. Sie alle sind leer wie der leere Raum. Jedoch sind sie nicht völlig nicht-existent. Sie müssen existieren, da wir sie wahrnehmen und erleben können. Was ich sage, wird von Ihnen gehört, und Sie wiederum denken über das Gesagte nach. Meine Sprache bewirkt etwas. Dennoch, wenn wir danach suchen, können wir sie nicht finden. Dieses Geheimnis bezieht sich auf die zweifache Natur der Wahrheit.

All das, dessen Existenz direkt von uns wahrgenommen werden kann, gehört zur Kategorie der konventionellen Wahrheit. In der letztlichen Wahrheit existiert weder der Sucher noch das Gesuchte. Die letztliche Wahrheit ist, ähnlich wie ein leerer Raum, jenseits von allen falschen begrifflichen Fabrikationen. Haben wir dies erst einmal verstanden, können wir wahren Frieden im Geiste erlangen. Ich hoffe, daß alle Menschen in dieser – durch bessere Kommunikation und materiellen Fortschritt immer kleiner werdenden Welt – am Ende fähig werden, die letztliche Wahrheit besser zu verstehen. Geschieht dies, so hege ich große Hoffnung, daß wir einen wirklichen Weltfrieden erlangen.

Was Tibet Indien verdankt

Von alters her hatten Tibet und Indien einen engen kulturellen Kontakt, der Bildung, Religion, Literatur und Kunst umfaßte. Ideen und Gedanken von großer Bedeutsamkeit gingen von Indien aus. Sie gelangten ohne Behinderung in die fruchtbare und aufnahmebereite Erde Tibets und bewirkten dort kulturelle und soziale Veränderungen von revolutionären Ausmaßen. Indien wurde nicht nur als Urquell vieler bedeutender philosophischer Ideen und Systeme angesehen, sondern auch als Ursprung spiritueller Inspirationen und Initiationen, die zu wirkungsvollen Handlungsweisen führten. Unter all diesen Einflüssen jedoch stellt der Buddhismus als die entscheidende Ursache für die großartigen Umwälzungen, dic den gesamten Lauf der tibetischen Geschichte änderten, den bedeutsamsten dar. Das helle Licht der Weisheit, das sich in der edlen buddhistischen Lehre verkörpert, hatte sich über alle

Teile Indiens verbreitet und fand auch seinen Weg nach Tibet, um dort im Laufe der Zeit zu einer bestimmenden Kraft mit unübertroffener Ausstrahlung zu werden.

Die Geschichte der Kultur Tibets wurzelt fest im Buddha-Dharma. Generationen von tibetischen Gelehrten studierten und schufen eine tiefgründige Kultur, die den ursprünglichen Grundsätzen und der Philosophie des Dharma weitgehend entspricht. Über die Jahrhunderte bewirkten sie durch ihre hingebungsvollen Bemühungen eine außergewöhnliche Entwicklung, die einzigartig unter den literarischen und kulturellen Errungenschaften der Nationen dieser Welt ist. Unzählige indische Gelehrte überlieferten ihre zeitlosen Weisheiten nach Tibet, öffneten damit den Tibetern das Auge der Erkenntnis und erweiterten ihren Horizont. Dies trug zur Formung der tibetischen Mentalität bei, die sich gerne an erschöpfenden Analysen und Untersuchungen und an der Erforschung der noch nicht erschlossenen Gebiete des Geistigen erfreut.

Dies alles bewirkte, daß das Denken der Tibeter in großem Maße bereichert wurde, ein Hauptgrund dafür, warum die Tibeter Indien stets mit einer besonderen und innigen Verehrung als einen Führer ansehen, der ihr Land in die Fülle der Weisheit führte.

Nach tibetischer Tradition war der erste König Tibets Nja-tri Tsen-po *(Nya khri btsan po)*, ein indischer Prinz, der über den Himalaya floh, nachdem er in einer Schlacht besiegt worden war. Tibetische Chroniken datieren dieses Ereignis auf das Jahr 127 v. Chr. Vor der Einführung des Buddhismus war der animistische Bön-Kult der dominierende Glaube der Tibeter. Historische Aufzeichnungen sagen uns, daß Tibet seinen ersten buddhistischen Einfluß erhielt, als Buddharakṣita als erster indischer Pandit *(paṇḍita,* »Gelehrter«) während der Regentschaft des 27. tibetischen Königs La-to-to-ri *(Lha tho tho ri gnyan btsan),* das Land besuchte. Es geschah jedoch nicht vor der Regentschaft des 32. Königs, Song-tsen Gam-po *(Srong btsan sgam po)*, der im 7. Jahrhundert n. Chr. lebte, daß der Buddhismus in wirkungsvoller Weise nach Tibet eingeführt wurde. Song-tsen Gam-po schickte seinen Minister Tön-mi Sam-bho-ta *(Thon mi saṃ bho ṭa),* einen Mann mit brillanten intellektuellen Fähigkeiten, zum Studium nach Indien, wo er ein Alphabet für die tibetische Sprache zusammenstellen sollte.

Nachdem Tön-mi Sam-bho-ta mehrere Jahre zu Füßen vieler indischer Pandits die verschiedenen Wissensgebiete studiert hatte, kehrte er nach Tibet zurück. Dort führte er ein Alphabet ein, das auf einer indischen Schrift basiert, und stellte eine umfassende Grammatik der tibetischen Sprache zusammen. Darüberhinaus übersetzte er die ersten indischen Schriften aus dem Sanskrit – wie das *Kāraṇḍavyūha-sūtra (mDo sDe za ma tog)* und das *dPang-skong phyag-rgya-ma* – ins Tibetische. Der König und seine Hofbeamten lernten, diese neue Schrift zu lesen und zu schreiben, wodurch der Grundstock für die tibetische Literatur gelegt wurde. Mit Übersetzungen von Werken über Buddhismus, Grammatik, Poesie und Logik wurde begonnen. So ist überliefert, daß Tön-mi Sam-bho-ta in Zusammenarbeit mit dem indischen Gelehrten Lidschin *(Li-byin)* weitere 21 Sūtras vom Sanskrit ins Tibetische übersetzte. Ein Vielzahl von indischen und tibetischen Pandits und Lotsawas (»gelehrte Übersetzer«) machten sich daran, die aus Indien und Nepal stammenden Sūtras und Tantras ins Tibetische zu übersetzen. Sowohl der Kangjur *(bKa' 'gyur,* »Übersetzungen der Worte des Buddha«), der aus über einhundert umfangreichen Bänden besteht, als auch der Tängjur *(bsTan 'gyur,* »Übersetzungen der Kommentarliteratur«), der über zweihundert Bände umfaßt, wurden beide vollständig während dieser Periode übersetzt. In wenigen Jahrhunderten wuchs ein umfangreiches Korpus von Sanskrit-Texten in tibetischer Übersetzung heran.

Während der Regierungszeit von Song-tsen Gam-po wurden neue Fertigkeiten und Handwerkskünste aus Indien, Nepal und China nach Tibet eingeführt. Auf diese Weise wurde ein beachtlicher Fortschritt sowohl auf materiellem wie auch auf geistigem Gebiet erzielt. Obwohl das tatsächliche Ausmaß des Kontaktes mit Indien unbekannt ist, muß doch angenommen werden, daß er beträchtlich war. Viele Tibeter müssen nach Indien gereist sein, um dort für lange Zeit zu bleiben. Anders wäre es nicht möglich gewesen, daß tibetische Gelehrte so viele buddhistische Sanskrit-Texte hätten studieren und übersetzen können.

Der Buddha schenkte der Welt seine einzigartige Lehre, die sich in den beiden Systemen darstellt, die gewöhnlich Hīnayāna und Mahāyāna genannt werden, wobei das Mahāyāna diejenigen Lehren miteinschließt, die als Mantra-, Tantra- oder Vajrayāna bekannt sind. Die Hīnayāna-Lehre wurde in Indien zuerst von den Sieben Traditionshaltern überliefert und konnte sich ungehindert und uneingeschränkt durch die Zeiten fortsetzen. Die Entwicklung des Mahāyāna verlief nicht so ungestört wie die des Hīnayāna, denn das Mahāyāna erfuhr während dreier Perioden eine Schwächung durch abweichende Strömungen und durch Andersgläubige.

Zu Beginn des 9. Jahrhunderts lud Tri-song De-tsän *(Khri srong lde btsan)*, der 37. König des alten tibetischen Königsgeschlechts und ein hingebungsvoller Buddhist, Śāntarakṣita und Guru Padmasambhava aus Indien nach Tibet ein, wo sie lehren sollten. Śāntarakṣita war ein großer Gelehrter und Heiliger, der später viele buddhistische Schriften ins Tibetische übersetzte, während Padmasambhava ein berühmter Yogi und Meister des Vajrayāna war, berühmt wegen seiner geistigen Kräfte. Er unterwies eine Gruppe von 25 Anhängern, zu denen auch der König Tri-song De-tsän selbst gehörte, in den Lehren des buddhistischen Tantra. Von Guru Padmasambhava wurde die Njingma-Tradition *(rNying ma)* des Vajrayāna in Tibet begründet.

Während der Herrschaft von König Tri-song De-tsän wurde die Übersetzung des buddhistischen Kanons fortgesetzt. Man arbeitete mit größter Sorgfalt, um eine möglichst akkurate Übersetzung zu gewährleisten. Zu diesem Zweck wurde jede Übersetzung stets von wenigstens zwei Personen durchgeführt: einem indischen Pandit, der zumindest einige Kenntnisse der tibetischen Sprache besaß, und einem tibetischen Gelehrten, der das Sanskrit beherrschte. Die so entstandenen Werke sind nicht nur eine getreuliche Wiedergabe des ursprünglichen Sanskrit-Textes in tibetischer Sprache, sie versetzen uns darüber hinaus in die glückliche Lage, den Prozeß umzukehren und viele Texte zu studieren, deren Sanskrit-Originale verloren gegangen sind.

Wie ich bereits angedeutet habe, beruhte die Förderung der tibetischen Kenntnisse in Sanskrit und Buddhismus nicht nur auf der Arbeit einiger weniger Gelehrter; vielmehr lassen der Umfang der Übersetzungen, die Bandbreite der behandelten Themen und die erzielte Wirkung vermuten, daß ein intensiver Austausch zwischen beiden Ländern stattgefunden haben muß. Im Zusammenhang damit müssen auch lebhafte Handelsbeziehungen bestanden haben.

Mit Beginn des 10. Jahrhunderts bestieg der 41. tibetische König, Lang-dar-ma *(gLang dar ma),* den Thron. Er machte die Entwicklung der vorhergehenden Jahrhunderte wieder zunichte. Er begann eine systematische Verfolgung des Buddhismus und versuchte, die vorbuddhistische Religion Tibets, Bön *(Bon),* wiederzubeleben. Lang-dar-ma fiel jedoch schließlich dem Anschlag eines Buddhisten zum Opfer. Daraufhin geriet das Land in einen langanhaltenden Streit um die Nachfolge und zerfiel in eine Vielzahl kleiner Königreiche, Fürstentümer und von Klöstern beherrschter Gebiete. Diese Zersplitterung währte über zweihundert Jahre. In dieser Zeit gingen die Errungenschaften der buddhistischen Gelehrten der vorherigen Ära weitgehend wieder verloren. Diese Zeitspanne wird als das dunkle Zeitalter der tibetischen Geschichte betrachtet. Doch Anhänger des Glaubens überlebten.

Im Jahre 1042 kam Dīpaṃkara Śrījñāna oder Atīśa nach Tibet, ein herausragender Gelehrter der Klosteruniversität Vikramaśīla. Sein Verdienst ist es, daß der Buddhismus wieder erneuert wurde und seinen früheren Glanz erlangte. Atīśas Erfolg muß beträchtlich gewesen sein; denn innerhalb der kurzen Zeitspanne von nur dreißig Jahren wurden viele berühmte Klöster errichtet, die sich mit der Zeit in große Zentren buddhistischer Gelehrsamkeit verwandelten. Atīśa lehrte ausführlich die Sūtras und Tantras und begründete durch seine Schüler wie Ku-tön *(Khu ston)*, Ngog, der Übersetzer, *(rNgog-lo-tsha-ba)* und Drom Tön-pa *('Brom ston rgyal ba'i 'byung gnas)* die Ka-dam-Tradition *(bKa' gdams)* in Tibet.

Einige Zeit später, gegen Ende des 11. Jahrhunderts, leitete Mar-pa *(Mar pa)* die letzte Phase großer Übersetzungen ein. Er unternahm drei Reisen nach Indien, auf denen er bei so großen Meistern wie Nāropa studierte, einem berühmten Gelehrten an der Universität von Nālandā. Nachdem Mar-pa zurückgekehrt war, fertigte er umfangreiche Übersetzungen an und verbreitete sein Wissen, das er von den weithin berühmten indischen Gelehrten erworben hatte. Wegen seiner Übersetzungen wurde er als Mar-pa, der Übersetzer, bekannt. Die Lehre, die er verkündete, wurde später von seinen geistigen Schülern, dem berühmten Poeten und Heiligen Dsche-tsün Mi-la-re-pa *(Mi la ras pa)* sowie Njam-me Dag-po Hla-dsche *(Dwags po lha rje)* oder Gam-po-pa *(sGam po pa),* überliefert. Sie wurde als die Lehre der Ka-gjü-pa *(bKa' rgyud pa)* bekannt.

Mit der Zeit entstand ein umfangreiches tibetisches Schrifttum. Diese Entwicklung in der Geschichte der tibetischen Gelehrsamkeit war nicht mehr so sehr durch Übersetzungen charakterisiert, obgleich diese fortgesetzt wurden, sondern durch die geistige Aneignung der vorhandenen Schriften. Tibetische Gelehrte verfaßten in dieser Zeit zahllose Kommentare und andere eigenständige tibetische Werke über die verschiedenen Wissenszweige. Die lebhaften Reisen zwischen Indien und Tibet nahmen ab. Der wichtigste Grund dafür ist der Niedergang des Buddhismus in Indien selbst. Zeitlich ging damit aber auch die vollständige Integration des Buddhismus in das tibetische Gedankengut einher, so daß sich die vorherige Abhängigkeit erübrigte. Tibet hatte sozusagen kulturelle Unabhängigkeit erlangt und schritt auf seinem eigenen Pfad fort.

Ein anderer Grund mag der beträchtliche Verfall der Militärmacht Tibets sein. Aus einem einst machtvollen Imperium, dessen Gebiet sich über weite Teile der Nachbarstaaten ausgedehnt hatte, wurde Tibet zu einem Land, dessen militärischer und politischer Einfluß immer mehr abnahm und sich schließlich nur noch auf das abgelegene tibetische Hochland erstreckte. In diesem Prozeß verlor Tibet viele der ehemals engen Kontakte zu seinen Nachbarn.

Im 12. Jahrhundert übernahm Kön Kön-tschok Gjalpo *('Khon dkon mchog rgyal po)* von Drok-mi, dem

Übersetzer, *('Brog mi Lo tsā ba)* die Lehre von »Pfad und Ergebnis« *(lam 'bras)*. Diese Lehre wurde von den fünf Oberhäuptern von Sa-kja bewahrt und weitergegeben. Ihre Anhängerschaft wurde später als die Tradition der Sa-kja-pas *(Sa-skya-pa)* bekannt.

Das 14. Jahrhundert brachte die berühmte Persönlichkeit Dscham-gön Dsche Tsong-ka-pas *(Tsong kha pa)* hervor. Tsong-ka-pa ist besonders für sein gründliches Studium der inneren Bedeutung des gesamten Korpus von Sūtra und Tantra bekannt. Die Übertragungslinie, die von seinen Nachfolgern wie Gjäl-tsab Dsche *(rGyal tshab rje)* und Kä-drup Dsche *(mKhas grub rje)* weitergeführt wurde, ist als Gan-dän- *(dGa' ldan)* oder Ge-lug-Tradition *(dGe lugs)* bekannt.

Neben diesen Traditionen gibt es noch eine Vielzahl kleinerer Unterschulen, die von gelehrten tibetischen Meistern gegründet wurden.

Sicher finden sich einige Unterschiede in der Art und Weise, wie der Lehre im Mahāyāna und Hīnayāna Ausdruck verliehen wird. Ihr letztliches Ziel ist jedoch insofern identisch, als beide Fahrzeuge den fühlenden Wesen helfen wollen, den höchsten Zustand der Buddhaschaft zu erreichen.

Das gesamte esoterische System der Lehre, das Vajrayāna, unterteilt sich in zwei Kategorien: in das innere und das äußere. Zwischen beiden besteht ein großer Unterschied.

Die Tibeter betrachten dic Sūtras und Tantras, die sie weitergeben und anwenden, als Lehren, die fest in den Unterweisungen des Buddha verwurzelt sind. Wann immer weitere Erklärungen erforderlich sind, ziehen sie Schriften zu Rate, die Einsichten und Schlußfolgerungen indischer Gelehrter enthalten. So werden die Kommentare von Nāgārjuna, Āryadeva, Asaṇga, Vasubandhu, Buddhapālita, Chandrakīrti, Śāntideva und anderer indischer Meister in hohen Ehren gehalten; oft stützt man sich auf sie. Tatsächlich spricht man traditionell davon, daß die Lehren und Kommentare, die von diesen indischen Gelehrten dargelegt wurden, die einzigen Quellen sind, die man zur Erhellung der Heiligen Lehre heranziehen kann.

Aufgrund der skizzierten frühen Verbindungen zwischen Indien und Tibet betrachten die Tibeter Indien nicht nur als eine Nachbarnation, sondern als ihre spirituelle Heimat, als das Land, in dem der Buddha wandelte und lehrte, und als Quelle, aus der Tibet soviel Kultur und Gelehrsamkeit schöpfte. Die indischen und tibetischen Heiligen und Pandits haben uns ihre Weisheit und ihre Erfahrungen weitergegeben, die sie in den langen Jahren ihres intensiven Studiums, ihrer Überlegungen, ihrer Übung und Meditation erlangt haben. Ihre edlen Bemühungen haben dazu beigetragen, eine Brücke zu errichten, welche die Völker unserer beiden Nationen wie die Kinder derselben Familie miteinander verbindet. Obwohl die Kommunikation zwischen den beiden Ländern aufgrund des Verfalls des Buddhismus in Indien über lange Zeit fast zum Erliegen gekommen ist, besteht eine enge Verbindung in Form von kultureller und spiritueller Verwandschaft weiter.

Die Schriften der frühen buddhistischen Weisen Indiens wurden in den verschiedenen Zentren der tibetischen Gelehrsamkeit studiert. Neben religiösen Schriften waren auch solche wie das Gedicht des Kālidāsa und die Grammatik des Pāṇini den gebildeten Tibetern vertraut, genauso wie astrologische Schriften und Werke über Poesie und ayurvedische Medizin. Und der gewöhnliche Tibeter hegte immer den hingebungsvollen Wunsch, eine Pilgerreise zu den heiligen Stätten Indiens zu unternehmen, deren Namen in ihrer tibetischen Übersetzung genauso bekannt waren wie die anderer Orte in Tibet selbst. So legten also die engen Kontakte in der frühen Epoche das Fundament für die nachhaltigen Verbindungen zwischen beiden Ländern. Diese einzigartige Beziehung wird für immer als Beispiel für internationale Brüderlichkeit und Verständigung bestehen bleiben.

Die Ausübung des Buddhismus in Tibet

Die Methoden, die in der Ausübung der Lehren des Buddha angewandt werden, sind vielfältig. Sie sind von den geistigen Fähigkeiten und den Neigungen des einzelnen Individuums abhängig; denn diejenigen, die sich üben müssen, besitzen nicht alle das gleiche Maß an Auffassungsgabe. Den verschiedenen Graden von Intelligenz und Verständnisfähigkeit trug der Buddha in seinen Belehrungen Rechnung. Trotz dieser unterschiedlichen Ebenen der Anweisungen ist es möglich, eine Beschreibung der allgemeinen Übungsmethoden zu geben, die für den gesamten Buddha-Dharma Gültigkeit besitzen.

Vom Gesichtspunkt der Philosophie oder *Ansicht* aus betrachtet, kann man von vier buddhistischen Lehrsystemen sprechen. Diese sind: *Vaibhāṣika* (»Schule der Großen Ausführlichen Erläuterung«), *Sautrāntika* (»Sūtra-Schule«), *Cittamātra* (»Nur-Geist-Schule«) und *Madhyamaka* (»Schule des Mittleren Weges«). Vom Gesichtspunkt der *Ausübung* unterteilt man den Buddha-Dharma in drei Wege, die als die drei Fahrzeuge bekannt sind: das Fahrzeug der Hörer *(śrāvakayāna)*, das Fahrzeug der Alleinverwirklicher *(pratyekabuddhayāna)* und das Fahrzeug der Bodhisattvas *(bodhisattvayāna)*. Śrāvakayāna und Pratyekabuddhayāna sind grundsätzlich gleicher Gestalt, sie sind allgemein unter dem Begriff »Kleines Fahrzeug« *(hīnayāna)* bekannt. Das Bodhisattvayāna wird gewöhnlich auch »Großes Fahrzeug« *(mahāyāna)* genannt. Hīnayāna und Mahāyāna sind also die zwei hauptsächlichen Fahrzeuge. Das Mahāyāna teilt sich weiter in das »Fahrzeug der Vollkommenheiten« *(pāramitāyāna)* – auch »Ursachen-Fahrzeug« genannt – und das »Diamant-Fahrzeug« *(vajrayāna)* – auch »Ergebnis-Fahrzeug« oder »Fahrzeug des Geheimen Mantra« *(guhyamantrayāna)* genannt. Alle Fahrzeuge außer dem Vajrayāna basieren auf den Sūtras, das Vajrayāna beruht auf den Tantras.

Ob man nun das Hīnayāna oder das Mahāyāna anwendet, ob man innerhalb des Mahāyāna das Ursachen-Fahrzeug oder das Ergebnis-Fahrzeug anwendet, jedes von diesen ist eine gültige Form der großartigen Lehren des Buddha. Manchmal mag es geschehen, daß jemand, der die Lehren des Erwachten nicht in ihrer

Gesamtheit richtig studiert oder verstanden hat, durch scheinbar grundsätzliche Widersprüche zwischen den Konzepten von Mahāyāna und Hīnayāna oder von Sūtra- und Tantra-Lehren verwirrt wird.

Dies kann geschehen, weil der Buddha-Dharma in der Tat verschiedene und auf den ersten Blick widersprüchlich erscheinende Aspekte innerhalb des weiten Spektrums seiner philosophischen Systeme und Fahrzeuge besitzt. Dazu gehören Regeln, die eine bestimmte Handlungsweise an einer Stelle verbieten, an einer anderen Stelle aber erlauben oder gar dazu auffordern. Daraus entwickeln sich dann die verschiedensten Formen der Übung und des Verhaltens. Nur indem man sich ein klares Wissen aller Aspekte der Lehren des Buddha erwirbt und diese scheinbaren Widersprüche gründlich untersucht, wird man ein umfassendes Verständnis der Methoden und Systeme von Übungen und Vorgehensweisen erlangen. Wenn dieses Wissen erworben ist, wird der Suchende auch die Erkenntnis gewinnen, daß die auf den ersten Blick widersprüchlich erscheinenden Aussagen und Vorschriften in der Lehre des Buddha nur dazu dienen, den Ausübenden gemäß seiner gegenwärtigen Fähigkeiten und seines geistigen Entwicklungsstandes schrittweise auf dem richtigen Pfad fortschreiten zu lassen.

Das Ziel aller Fahrzeuge ist die Disziplinierung des verblendeten und unbeherrschten Geistes des Individuums. Weil die Anweisungen an den Fortschritt der geistigen Entwicklung angepaßt sind, gelingt es, dem Übenden ihre Bedeutung klar verständlich zu machen und ihre Anwendung zu stärken.

Wie können nun all die Lehren von *einer* Person, die sich im Buddha-Dharma übt, angewendet werden? Ein tibetisches Sprichwort beantwortet diese Frage so:

> *»Im Äußeren übt man die Lebensführung nach dem Vinaya. Im Inneren übt man die geistigen Handlungen mit dem Erleuchtungsgeist. Im Geheimen wird das Geheime Mantra geübt.«*

Praktisch könnte dies folgendermaßen angewendet werden: Ein Śramaṇera oder Bhikṣu, der das Gelübde abgelegt hat, die entsprechenden Mönchsregeln einzuhalten, handelt, was sein äußeres Verhalten angeht, in Übereinstimmung mit den Regeln des Vinaya. So wendet er eine Hīnayāna-Lehre an.

Innerlich ist er vom Erleuchtungsgeist durchdrungen, von der Motivation, den Zustand der Buddhaschaft zu erlangen, um alle fühlenden Wesen befreien zu können. Mit dieser Motivation übt er die Sechs Vollkommenheiten *(pāramitā)*. Darüberhinaus bemüht er sich um die »Vier Mittel zur Sammlung der Schüler«, die dazu dienen, die Reifung des Geisteskontinuums anderer zu bewirken. Dies alles sind Lehren des Vollkommenheits-Fahrzeugs innerhalb des Mahāyāna.

Die Sechs Vollkommenheiten sind folgende:

1. Freigebigkeit,
2. ethisches Verhalten,
3. Geduld,
4. Tatkraft,
5. Sammlung,
6. Weisheit.

Die Vier Mittel zur Sammlung der Schüler sind:

1. das Geben von materiellen und religiösen Gaben an die Schüler entsprechend ihren Bedürfnissen,
2. das freundliche Ermutigen der Schüler, Heilsames zu tun,
3. die Unterrichtung der Übungen, die ihnen angemessenen sind und sie auf dem Pfad zur Erleuchtung weiterführen,
4. ein Vorbild für die Schüler zu sein, indem man sich selbst gemäß der Anweisungen verhält, die man ihnen gibt.

Ferner übt er sich in den zwei hauptsächlichen Meditationsformen nach den tantrischen Lehren. Auf diese Weise wird er alle Lehren des Hīnayāna und des Mahāyāna, von Sūtra und Tantra üben. Diese Vorgehensweise stimmt mit der überein, die in den Schriften der großen indischen Meister dargestellt wird.

»Im Äußeren übt man die Lebensführung nach dem Vinaya.« Dies kann folgendermaßen erläutert werden: Entsprechend der Vinaya-Disziplin gibt es acht Gelübde, die sich auf die korrekte äußere Lebensführung beziehen. Die wichtigsten unter diesen sind die Gelübde zur vollen Ordinationen *(bhikṣu, bhikṣuṇī).* Ein vollordinierter Mönch hat 253 Vinaya-Regeln zu beachten. Es gibt noch weitere Regeln, die Gruppe dieser 253 Verhaltensregeln ist jedoch die wichtigste. Vorrangig betreffen sie das sprachliche und körperliche Verhalten.

Der zweite Teil des Merkspruches sagt: *»Im Innern übt man die geistigen Handlungen mit dem Erleuchtungs-*

geist«. Dies bedeutet, daß der Bhikṣu oder die betreffende Person von dem Gedanken motiviert ist, alle fühlenden Wesen zu befreien und die Weisheit zu erlangen, die die Leerheit *(śūnyatā)* erkennt. Mit dieser Motivation strebt er danach, nicht nur die höchste Einsicht zu erlangen, wie sie in den *Sūtras der Vollkommenheit der Weisheit (Prajñāpāramitā-Sūtra)* im Mahāyāna beschrieben wird, sondern auch alle anderen höchsten Qualitäten, die aus dieser außergewöhnlichen Geisteshaltung wachsen.

Der dritte Teil des Merkspruches, *»Im Geheimen wird das Geheime Mantra geübt«,* bedeutet folgendes: Um die große und wunderbare Aufgabe erfüllen zu können, alle fühlenden Wesen zu befreien, muß man den Zustand der Buddhaschaft in der kürzestmöglichen Zeit mit Hilfe der Methode des Geheimen Mantra oder Vajrayāna erlangen, das, wie der Name sagt, im Geheimen auszuüben ist. Das Geheime Mantra unterscheidet sich von den anderen Fahrzeugen durch seine speziellen und einzigartigen Methoden. So gibt es beispielsweise mantrische Techniken, die den Körper auf eine Art und Weise vorbereiten, daß ihm bei den Übungen auf dem Pfad zur Buddhaschaft eine besondere Bedeutung zukommt.

Auf diese Weise vervollständigt eine Person schließlich die fortschreitenden Übungen, welche alle Methoden von Hīnayāna und Mahāyāna, sowohl Sūtra wie Tantra, enthalten. Gleich einem Arzt, der verschiedene Diäten dem Gesundungsprozeß seiner Patienten anpaßt, verfährt auch der Buddha, der den Übenden diese verschiedenen religiösen Methoden zur Anwendung gegeben hat, wenn sich ihr Bewußtsein auf dem Pfad zur Erleuchtung Schritt für Schritt weiterentwikkelt. Der Zweck all dieser Methoden ist die Geistesschulung des Individuums.

Das Geheime Mantra-Fahrzeug oder Vajrayāna wird in vier Tantra-Klassen eingeteilt:

1. Handlungstantra *(kriyātantra):* dieses legt das Gewicht auf die Reinigung äußerer Handlungen.
2. Ausübungstantra *(caryātantra):* dieses betont die Gleichwertigkeit von äußeren und inneren, geistigen Handlungen.
3. Yogatantra *(yogatantra):* dieses stellt die Bedeutung der inneren, geistigen Handlungen, also der Meditationen, in den Vordergrund.
4. Höchstes Yogatantra *(anuttarayogatantra):* dieses betont die übergeordnete Bedeutung der inneren Aktivitäten, der subtilen Meditationen, ungeachtet der Reinheit äußerer Handlungen.

Im Kriyātantra, Caryātantra und Yogatantra werden keine speziellen Methoden für subtile meditative Konzentrationen auf die verschiedenen Zentren der Lebensenergie im physischen Körper gelehrt, Zentren, welche die Atmung sowie die Bewegung der Keimflüssigkeiten und des Blutes regulieren und kontrollieren. Im Höchsten Yogatantra läßt sich hingegen eine Fülle von Methoden für diese Zwecke finden.

Wie dem auch sei, jemand, der eine der vier Tantra-Klassen ausüben möchte, muß als erstes seinen Geist entsprechend vorbereiten. Diese Vorbereitungen heißen die »Mittel zur Reifung des Geistes«. Dazu muß man die erforderliche Initiation in die geheime Form spirituellen Wissens von einem kompetenten Meister in einer korrekten Weise erhalten.

Der nächste Schritt ist die Einhaltung der feierlich angenommenen Gelübde und Verhaltensregeln, wie sie in den tantrischen Lehren beschrieben werden. Im Falle der ersten drei Tantra-Klassen geht der Übende dann dazu über, seine Geisteskraft auf die letztliche Natur der Meditationsgottheit, die Abwesenheit eines inhärent existenten Selbst *(śūnyatā)*, zu konzentrieren.

Im Falle der vierten Tantra-Klasse übt man zunächst den Pfad, der zur Reifung führt, die »Erzeugungsstufe« *(utpatti-krama)*, und dann den Pfad, der zur Befreiung führt, die »Vollendungsstufe« *(saṃpanna-krama)*. Auf der Ebene der Erzeugungsstufe identifiziert sich der Initiierte mit der Meditationsgottheit, die er zum Objekt seiner Meditation genommen hat. Nur wenn er die Kraft der Meditation auf dieser Stufe vervollständigt hat, kann er zu der nächsten Stufe, der Vollendungsstufe, übergehen. Auf dieser Stufe konzentriert sich der Ausübende darauf, die Kontrolle über das subtile System von Atem, Blut und Samen zu erlangen. Durch diesen Entwicklungsprozeß schreitet man der Erlangung der Buddhaschaft entgegen. Mit anderen Worten, der Übende wird eine Kraft erlangen, die den vier Körpern *(kāya)* eines Buddha – dem Natürlichen Körper *(svabhāvikakāya)*, dem Wahrheitskörper *(dharmakāya)*, dem Körper des Vollkommenen Erfreuens *(saṃbhogakāya)* und dem Ausstrahlungskörper *(nirmāṇakāya)* – sowie seinen fünf Ursprünglichen Weisheiten entspringt.

Die Methoden, die die Ausübung des Buddha-Dharma, wie es oben erklärt wurde, unterstützen, können folgendermaßen zusammengefaßt werden: Vor allen Dingen muß man zunächst ein umfassendes Verständnis der Bedeutung der zu praktizierenden Methoden erwerben. Hierzu muß man vielen Belehrungen und Erklärungen von Meistern über das entsprechende Thema zuhören. Den Sinngehalt der Belehrungen muß man immer wieder überdenken. Danach folgt der nächste Schritt: die konzentrative Meditation über die zuvor erwogene Bedeutung. Diese drei Schritte sollten in einem ausgeglichenen Maß miteinander kombiniert werden, so daß keiner vernachlässigt wird. Dadurch wird man zu einem wahrhaften Besitzer dreier Qualitäten, nämlich Gelehrsamkeit, edlen Verhaltens und Güte. Ein gelehrter Mensch wird erst dann edel, wenn er das Gelernte nicht nur durch bloße Worte ausdrückt, sondern tatsächlich in die Praxis umsetzt. Andersherum würde aber ein edler Mensch, selbst wenn er vollständige Kontrolle über seinen Geist erlangt hätte, ihm aber das umfassende Wissen um die Lehren und Verhaltensregeln fehlte, nicht den charakteristischen Merkmalen eines Gelehrten entsprechen. Er muß vielmehr eine wirkliche Gewandtheit in der großen Vielfalt der Themen erlangen, die mit dem Buddha-Dharma in Verbindung stehen. Durch die Entwicklung der ersten beiden Eigenschaften und durch die zusätzlich eingeübte Motivation, um der anderen willen Gutes zu tun, erwirbt sich eine Persönlichkeit wahrhaft die drei Qualitäten von Gelehrsamkeit, edlem Verhalten und Güte.

INDEX

ANHANG

Aussprache der Sanskritwörter

Um der Begriffsklarheit willen wurde im Text sowie im Index bei einigen Wörtern das ursprüngliche Sanskritwort in Klammern hinzugefügt. Die Sanskritwörter werden durchweg in der international üblichen Schreibweise wiedergegeben. Für die Transliteration des Tibetischen wird im Wörterverzeichnis das System von TURELL WYLIE benutzt.

Für die Aussprache der Sanskritbuchstaben gelten folgende vereinfachte Regeln:

Die Vokale werden wie im Deutschen gesprochen. Es gibt jedoch eine Unterscheidung zwischen kurzen und langen Vokalen. Ein Dehnungszeichen über einem Vokal zeigt dessen Längung an: kurzes *a* wie in *Wache,* aber langes *ā* wie in *Wagen;* kurzes *i* wie in *Tip,* aber langes *ī* wie in *Sieb;* kurzes *u* wie in *Wurm,* aber langes *ū* wie in *Wut.* Stets gedehnt werden gesprochen: die Vokale *e* wie in *Leben* und *o* wie in *Rose* sowie die Vokalzusammensetzungen *ai* wie in *Laib* und *au* wie in *Saum.*

Die Konsonanten werden folgendermaßen gesprochen: *c* wie *tsch*, *j* wie *dsch, ñ* wie *nj* in *Donja, ś* und *ṣ* wie *sch; s* ist stets ein stimmloses (scharfes) *s; v* wird wie *w* gesprochen: also z. B. *Vajrasattva* wie *Wadschrasattva*. *ṅ* wird wie *ng* etwa in *Zange* ausgesprochen. *ṃ* in *Saṃgha* wird wie *Sangha* gesprochen.

Weiterführende Literatur

Dalai Lama, XIV.: *Das Auge einer neuen Achtsamkeit.* München: Goldmann Verlag, 1987

Dalai Lama, XIV.: *Logik der Liebe. Aus den Lehren des Tibetischen Buddhismus.* München: Goldmann Verlag, 1989

Dalai Lama, XIV.: *Das Buch der Freiheit. Autobiographie.* Bergisch Gladbach: Lübbe, 1990.

Dalai Lama/Michael von Brück: *Denn wir sind Menschen voller Hoffnung.* München: Kaiser Verlag, 1988

Geshe Lündup Sopa und Jeffrey Hopkins: *Der Tibetische Buddhismus.* Düsseldorf: Eugen Diederichs Verlag, 1977

Geshe Rabten: *Mahamudra – der Weg zur Erkenntnis der Wirklichkeit.* Zürich: Theseus Verlag, 1979

Geshe Rabten: *Buddhistische Philosophie und Meditation. Eine Einführung.* Hamburg: dharma edition, 1990.

Geshe Rabten: *Essenz der Weisheit. Ein Kommentar zum Herzsutra.* Hamburg: dharma edition, 1990.

Geshe Thubten Ngawang: *Von der Reinigung des Geistes durch Meditation.* Hamburg: Papyrus Verlag, 1987

Geshe Thubten Ngawang: *Śamatha. Die Entfaltung von Geistiger Ruhe.* Hamburg: Tibetisches Zentrum, 1987

Hopkins, Jeffrey: *Der Tibetische Buddhismus. Sutra und Tantra.* Jägerndorf: Diamant Verlag, 1988

Hopkins, Jeffrey (Hrsg.): *Tantra in Tibet.* Düsseldorf, Köln: Eugen Diederichs Verlag, 1987

Śāntideva: *Eintritt in das Leben zur Erleuchtung.* München: Eugen Diederichs Verlag, 1989

Syska, Paul (Hrsg.): *Geist und Materie. Seine Heiligkeit der XIV. Dalai Lama.* Gengenbach: Verlag Paul Syska, 1989

Wallace, B. Allan: *Mönch in Tibet – Leben und Lehren des Meditationsmeisters Geshe Rabten.* Hamburg: Papyrus Verlag, 1986

Geshe Rabten

Buddhistische Philosophie und Meditation

Eine Einführung

80 S., kartoniert, 12,80 DM

ISBN 3-927862-07-X

Alle fühlenden Wesen suchen Glück und meiden Leid. Doch ist letztliches Glück, Befreiung aus dem Kreislauf der leidvollen Existenzen, erreichbar? Und wenn ja, welche Mittel sind dafür geeignet? Der Buddha selbst hat sich einst diese Fragen gestellt, und er hat sie beantwortet. Jeder soll die Antworten, die als die Vier Wahrheiten den Buddha-Dharma begründen, für sich neu durchdenken, für sich akzeptieren oder verwerfen. Dies jedenfalls ist Buddhismus, wie ihn Geshe Rabten in dieser knapp gefaßten Einführung interessierten Menschen aus dem Westen vorlebt und vorstellt. Detailliert geht der frühere spirituelle Berater des Dalai Lama auf Geistesschulung durch Meditation ein.

Geshe Rabten, geboren 1921 in Osttibet, studierte ab 1940 in der Kloster-Universität Sera bei Lhasa. 1959 floh er wie viele andere Tibeter vor den chinesischen Invasoren, konnte jedoch in Indien seine Studien beenden. Seit 1969 bis zu seinem Tode 1986 gab er auf Bitten des Dalai Lama westlichen Schülern Unterweisung im Buddhismus, zunächst in Indien, ab 1974 in der Schweiz und in anderen westeuropäischen Ländern.

Weitere Veröffentlichungen in der dharma edition

Geshe Rabten

Essenz der Weisheit

Ein Kommentar zum Herzsutra

76. S.,kartoniert, 12,80 DM

ISBN 3-927862-06-1

Das Herzsutra faßt die umfangreichen Sutras zur Vollkommenheit der Weisheit im zentralen Punkt zusammen, in der Lehre von der Leerheit, die wiederum in der Lehre von den Zwei Wahrheiten, der konventionellen und der letztgültigen, gründet. Mahayana-Buddhisten aller Schulen meditieren über diesen berühmten Text, der durch seine erkenntnistheoretischen Implikationen auch im Westen zu vielerlei Spekulationen und Deutungen Anlaß gab. Hier nun spricht ein tibetischer Lama zum Herzsutra. In direktem Kontakt mit dem Wortlaut, wie er von den Tibetern rezitiert wird, beantwortet er Fragen, die aus dem Text selber sich entwikkeln. Wie verhält es sich wirklich mit der »Leere«? Ist sie vielleicht doch ein »Etwas«, das die Buddhisten verehren? Oder ist sie bloß eine begriffliche Spitzfindigkeit, mit der sich die Welt gleichsam wegphilosophieren läßt, so daß wir nichts mehr mit ihr zu tun haben, uns vielleicht sogar die Verantwortung für die Welt und unser Darinsein genommen wird?

Geshe Rabten, dessen Interpretation des Herzsutra hier zum erstenmal in deutscher Sprache erscheint, hilft dem Leser durch eine klare und überraschend einfache Führung der Gedanken. Er zeigt uns: Die anscheinend so spekulative Lehre von der Leerheit besitzt einen sehr realen Kern, und sie verweigert sich keineswegs dem Verständnis.

Weitere Veröffentlichungen in der dharma edition